C. T Pfuhl

Laut- und Formenlehre der oberlausitzisch-wendischen Sprache

Mit besonderer Rücksicht auf das Altslawische

C. T Pfuhl

Laut- und Formenlehre der oberlausitzisch-wendischen Sprache
Mit besonderer Rücksicht auf das Altslawische

ISBN/EAN: 9783743482739

Hergestellt in Europa, USA, Kanada, Australien, Japan

Cover: Foto ©ninafisch / pixelio.de

C. T Pfuhl

Laut- und Formenlehre der oberlausitzisch-wendischen Sprache

Laut- und Formenlehre

der

oberlausitzisch-wendischen Sprache.

Mit besonderer Rücksicht

auf das

Altslawische

verfaßt von

Professor Dr. **C. T. Pfuhl,**

Tertius am Vitzthumschen Gymnasium in Dresden, Ritter des königl.
preußischen Kronen-Ordens 1. Klasse.

Bautzen.
Schmaler & Pech.
1867.

Vorwort.

Die Sprachwissenschaft ist bald nach dem Beginn unseres Jahrhunderts wesentlich umgestaltet worden, indem dieselbe die einzelnen Sprachen nicht mehr als einzelne von einander unabhängige Erscheinungen auffaßt und als solche zu verstehen sucht, sondern die Grundgesetze und den geistigen Zusammenhang der einzelnen zu erforschen und die eine durch die andere zu erklären bemüht ist. So hat, indem die vergleichende Sprachwissenschaft eben alle ihr zugänglichen Idiome des Erdballs in den Bereich ihrer Betrachtung zieht, natürlich auch das Slawische — eine der indisch-europäischen Schwestersprachen, zu denen außer dem Germanisch-Deutschen z. B. das Lateinische, Griechische, Persische und Indische gehört — bereits längst die verdiente Beachtung gefunden.

Jüngere, ihrem Ursprunge nach dunklere Wortformen werden von der Sprachforschung auf jüngere, durchsichtigere Bildungen zurückgeführt, sei es daß solche in der betreffenden Sprache selbst oder in einer der urverwandten zu erreichen sind. So erklärt sich z. B. das moderne Deutsch durch das Deutsch früherer Jahrhunderte und durch das Gothische, das attische Griechisch aus manchen Erscheinungen in den übrigen Dialekten, u. s. w. Ebenso erfordert das Wendische eine historische Behandlung, und eine gründliche Kenntniß desselben ist nur dann möglich, wenn man sich mit dem Altslawischen (vgl. S. 8*) vertraut macht und zugleich die jüngeren Dialekte des Slawischen berücksichtigt, die aus einem gemeinschaftlichen Idiom nach und nach als selbständige Sprachen hervorgegangen sind, in der Art wie in einer uralten, weit über Geschichte und Mythe zurückliegenden Vergangenheit, in deren tiefe Finsterniß nur die Leuchte der Sprachwissenschaft einige Lichtstrahlen hineinzuwerfen vermag, unsere Urahnen grauester Ferne, die doch einstmals alle durch das Band einer gemeinsamen, freilich längst verklungenen Ursprache verbunden gewesen sein müssen, sich als Inder und Perser, als Germanen und Slawen 2c. allmälig zu besonderen Stämmen und Völkern herausentwickelt haben.

Vorliegendes Büchlein nun hat den Zweck, die wissenschaftliche Kenntniß des Wendischen fördern zu helfen. Möge dasselbe eine freundliche Aufnahme finden! —

Bemerkungen über Zeitdauer (§. 87), über Aoristisirung der Verba (§. 88 ff.) und über das daraus resultirende Futurum (§. 91 ff.) gehören strenggenommen nicht in eine Laut- und Formenlehre. Wenn ich aber trotzdem einiges Derartige hier beigebracht habe, so möchte mich wohl der Umstand entschuldigen, daß bei der Eigenthümlichkeit der slawischen Verba manche Formen derselben unverständlich bleiben, wenn man nicht zugleich einen tieferen Einblick in ihr eigentliches Wesen zu eröffnen versucht. Ueberdieß glaube ich in den betreffenden Abschnitten einige Fragen angeregt zu haben, die für die vergleichende Sprachwissenschaft überhaupt, welcher auch dieses Büchlein dienen soll, nicht ohne Interesse sein dürften.

Schließlich kann ich nicht umhin, den Herren Verlegern für die freundliche Ausstattung des Werkchens den verbindlichsten Dank auszusprechen.

Der Verfasser.

Inhalt.

Lautlehre.

	Seite
Die wendischen Schriftzeichen, §. 1	4
Stellung der Laute, §. 2	6
A. Bemerkungen über die Vocale.	
I. Einfache Vocale, §. 3	7
II. Gedehnte Vocale, §. 4	10
III. Halb- und Nasalvocale, §. 5	11
B. Bemerkungen über die Consonanten §. 6	13
C. Einfluß der weichen Vocale, §. 7	15
auf die Lippenlaute, §. 8	15
auf die Liquidä m, n, r, §. 8	15
auf die Zahnlaute d, t, §. 8	16
auf die Zischlaute, §. 9 f.	17
auf die Kehllaute, §. 11	19
Präjotirung bei den Spiranten, §. 15 f.	22
Präjotirung bei dem ächten ř, §. 17	23
Präjotirung bei den sanften Zischlauten dź, ć, §. 18	24
Uebergang des gutturalen ł in l, §. 19	24
Der weiche Hauchlaut j, §. 20	25
Uebersicht der weichen Consonanten, §. 21	25
Verwandlung des a in e, §. 22	26
Doppellaute, §. 23	26
Buchstabenverdoppelung, §. 24	26
Vocalischer Anlaut, §. 25	27

Formenlehre.

Declination, §. 26	31
Erste Declination (Masculina), §. 27	32
Bemerkungen über die Casus, §§. 28—37	35
Zweite Declination (Neutra), §. 38	44
Bemerkungen über die Casus, §§. 39—43	46
Scheinbare Unregelmäßigkeiten, §. 44	47
Dritte Declination (Feminina), §. 45	50
Bemerkungen über die Casus, §§. 46—49	53

	Seite
Masculina mit der Endung a, §. 50	55
Pluralische Formen, §. 51	55
Familien= und Ortsnamen, §. 52 f.	56
Nachtrag zu den drei Declinationen, §. 54 ff.	59
Vereinzelte Adjectivformen, §. 57	60
Declination der Pronomina, §§. 58—61	61
Die Zahlwörter, §§. 62—69	69
Zusammengesetzte Declination (Adjectiva), §. 70 ff.	74
Comparativ. Adverbium, §§. 73—81	77

Conjugation.

Die Zeitformen, §. 82	81
Die Modi, §. 83	81
Nominale Verbalformen, §. 84	81
Das Passivum, §. 85 f.	82
Formen der Zeitdauer, §. 87	85
Aoristisirung der Verba, §§. 88—90	86
Das Futurum, §. 91	91
Das „kurze Imperfect", §. 92	95
Das Futurum exactum §. 93	96
A. Conjugation ohne Bindevocal, §. 94	97
бытн być, нсти jěsć, §§. 95—97	97
B. Bindevocalische Conjugation, §. 98	101
Paradigma пнтн, §. 99	102
Erste Conjugationsform: Infin. ć, §. 100	103
Paradigma wjesć, pić, §. 101	103
Bemerkungen zur ersten Conjugationsform, §. 102	105
Zweite Conjugationsform: Infin. ny-ć, §. 103	112
Paradigma wuknyć, §. 104	112
Bemerkungen zur zweiten Conjugationsform, §. 105	113
Dritte und vierte Conjugationsform: Infin. é-ć, i-ć, §. 106	114
Paradigmata słyšeć und palić, §. 107	115
Bemerkungen zur dritten und vierten Conjugationsform, §. 108	116
Beibehaltung des charakteristischen ѣ, é, §. 109	118
Fünfte Conjugationsform: Infin. a-ć (eć), §. 110	119
Paradigmata dźělać und waleć, §. 111	119
Bemerkungen zur fünften Conjugationsform, §. 112	120
Sechste Conjugationsform: Infin. ow-a-ć (st. u-a-ć), §. 113	122
Paradigma kupować, §. 114	123
Uebersicht der Verbalableitungen, §. 115	123

Vorbemerkung.

Die Sprache der Lausitzer Wenden, die sich selbst Serben (Serbjo, Serbja) nennen und deren Zahl etwa 200,000 beträgt, zerfällt in zwei Hauptdialekte: in den Ober= und in den Niederlausitzer (hornjolužiska, delnjolužiska naryč).* Zwischen beiden in der Mitte steht eine den Uebergang bildende Mundart: der Grenzdialekt (namězna naryč), d. i. die Sprachvarietät der Wenden der Umgegend von Muskau (Mužakow).

Die meisten Wenden gehören der evangelisch=lutherischen, etwa 15,000 der katholischen Kirche an. Die wendische Literatur beginnt, da die noch heute im Munde des Volkes lebende Volkspoesie nicht aufgezeichnet worden war, erst mit dem Zeitalter der Reformation. Jede der beiden Confessionen hat sich eine besondere Orthographie ausgebildet, die, obschon bei der geographischen Lage der Lausitz das Gegentheil das Einfachste wäre, mit der deutschen sich nicht vereinigen ließ, indem die deutschen Schriftzeichen für die Laute der wendischen Sprache nicht ausreichen, so wenig wie man z. B. das Deutsche mit dem französischen Alphabet wiederzugeben im Stande wäre. Seit einigen zwanzig Jahren nun hat man angefangen, jene trotz der kirchlichen Bekenntnißtreue unnatürliche Scheidewand inmitten des kleinen wendischen Volksstammes dadurch zu entfernen, daß man

---

* Zugleich mit vorliegender Laut= und Formenlehre des Oberwendischen wird in demselben Verlage eine „Grammatik der Niederlausitzer Sprache" vom Diaconus Ebert zum Drucke vorbereitet.

den orthographischen Bestimmungen der beiden Männer wieder Eingang zu verschaffen bemüht ist, die, abgesehen von einigen vorläufigen Versuchen, als die Begründer der beiderseitigen Kirchenliteratur zu betrachten sind, und die bei ihren Arbeiten einer gleichgearteten Rechtschreibung folgten: Pfarrer Michael Frenzel (Michał Brancl) zu Postwitz (Budestecy) bei Budissin (Budyšin), geb. 1628 zu Pietschwitz (Běćicy) bei Göda (Hodźij), und Jacob Ticinus (Jakub Ticinus) aus Wittichenau (Kulow), der, nachdem er viele Jahre in Prag gewirkt hatte, zuletzt als Feldkaplan im österreichischen Heere vor Belgrad starb. Diese auf dem Genius der Sprache beruhende, historisch älteste, neuerdings nur in einigen Einzelheiten verbesserte Orthographie des Wendischen nennt man, weil sie jetzt erst wieder eingeführt wird, die Neue, oder, weil in derselben die lautlichen Fundamentalgesetze des Slawischen überhaupt als das sprachliche Grundprinzip die nothwendige Berücksichtigung gefunden haben, die Analoge.

Die rein wissenschaftlichen Schriften müssen, da hier keine Seite bevorzugt werden kann, selbstverständlich in dieser beiden Confessionen gemeinsamen Orthographie veröffentlicht werden. Uebrigens kommt die analoge Schreibweise auch immer mehr in Aufnahme, und die Bedenken gegen dieselbe dürften wohl gänzlich verschwinden, wenn in Erwägung gezogen wird, wie ja auch z. B. bei den Deutschen, obgleich jeder Theil seinen kirchlichen Standpunkt natürlicherweise festhält, selbst die confessionellen Schriften sich in der Orthographie nicht von einander unterscheiden. Jedes anderweite Buch aber gehört sicher allen Mitgliedern der betreffenden Sprache an.

Wir hoffen, daß vorliegendes Schriftchen jetzt, nachdem des Verfassers „Lausitzisch Wendisches Wörterbuch" im Drucke vollendet ist, den Freunden der Sprachwissenschaft eine um so willkommnere Erscheinung sein wird.

Erster Abschnitt.

Lautlehre.

Die wendischen

§. 1. Die wendische Sprache wird in der analogen Ortho-
weiteren Orientirung einige andere Alphabete zur Seite stellen.

Wendisch analog		Deutsch	Wendisch evangelisch	Wendisch katholisch
Schriftzeichen	Name			
A a	A	a, a	a	a
B b, b́	bej	b, b	b	b, b́
C c	cej	z, c	c	c
Č č	čcj	(tsch)	cż	tż
Ć ć	ćet	(zj)	cż	cż
D d	dej	d, d	d	d
Dź dź	dźej	(dsch)	dż	dż
E e	ej	e, ě	e	e
Ě ě	ět	(ie)	je	é
F f	ef	f, f	f	f
G g	gej	g, g	g	g
H h	ha	h, h	h	h, h́
Ch ch	cha	ch, ch	ch	ch
I i	i	i, i	i	i
J j	jót	j, j	j	y (j)
K k	ka	k, k	k	k
Kh kh	kha	(kh)	(k)	(k, ch)
Ł ł	eł	(w)	ł	w
L l	el	l, l	l	l, ł
M m, ḿ	em	m, m	m	m ḿ
N n, ń	en	n, n	n	n, ń
O o	o	o, o	o	o
Ó ó	ót	(ó)	(o)	(o)
P p, ṕ	pej	p, p	p	p, ṕ
R r, ŕ	er	r, r	r	r, ŕ
Ř ř	erž	([r]sch)	(sch)	(sch)
S s (ś)	es	s, ss	s	s
Š š	eš	sch	sch	sch
T t	tej	t, t	t	t
U u	u	u, u	u	u

Schriftzeichen.

graphie mit folgenden Buchstaben geschrieben, denen wir zur

Polnisch	Böhmisch	Illyrisch	Altslawisch	Russisch
a	a	a	а	А а
b, b́	b	b	б	Б б
c	c	c	ц	ц
cz	č	č	ү	ч
ć	(t́)	ć (t)		(serbisch ħ)
d	d	d	д	д
dż	(d́)	(d)		(serbisch ђ)
e	e	e	є	e, э
ie	ě	ě	ѣ	ѣ
f	f	f	ф	ф
g	g	g	г	г
h	h	(g)	(г)	(г)
ch	ch	h	х	х
i	i	i	и	и
j	j	j	(і)	(і)
k	k	k	к	к
(ch)	(ch)	(h)	(х)	(х)
ł	(l)	(l)	л	л
l	l	(lj)	(љ)	(љ)
m, ḿ	m	m	м	м
n, ń	n, ň	n	н	н
o	o	o	о	о
ó	ů	(o)	(о)	(о)
p, ṗ	p	p	п	п
r	r	r	р	р
rz	ř	(r)	(р)	(р)
s, ś	s	s	с	с
sz	š	š	ш	ш
t	t	t	т	т
u	u	u	оу	у

Wendisch analog		Deutsch	Wendisch evangelisch	Wendisch katholisch
Schriftzeichen	Name			
W w, ẃ	wej	w, ẃ	w	w, ẇ
Y y	y	ŋ, y	ŋ	é
Z z (ź)	zet	ſ, s	ſ	ʒ
Ž ž	žet	(franz. j)	ʒ̇	ʒ̇
Dž dž	dža	(dsch)	(dʒ̇)	(dʒ̇)

Anmerkung. Statt dź, ć hat der Niederlausitzer ź, ś, in der alten źowčo = dźowka, holca, Mädchen) durchgängig c; statt h und kh ge-

Stellung der Laute.

§. 2. 1. Betrachten wir die Vocale nach der Stellung, die sie bei ihrer Entstehung im Munde einnehmen, so müssen wir i als den höchsten und u als den tiefsten bezeichnen. Sucht nämlich die angeregte Stimme ihren Weg mitten durch den geöffneten Mund, so bildet sich in der Kehle der Vocal a; bricht sie sich oben im Gaumen oder unten an den gespitzten Lippen, so kommen die Vocale i und u zur Erscheinung, zwischen denen also das a in der Mitte steht. Dringt aber die Stimme zwischen den Bahnen von a und i oder zwischen denen von a und u vor, so entsteht einerseits der Vocal e und andrerseits das o. Hiernach ergiebt sich uns folgende Stellung der Vocale:

$$\begin{matrix} & & i \\ & e & \\ a & & \\ & o & \\ & & u \end{matrix}$$

2. Ebenso finden wir die Consonanten, die Erzeugnisse des angeregten Hauches, theils in höherer, theils in tieferer Lage. Die Mitte halten die Kehllaute h, ch, g, k, welche dem in der Kehle gebildeten a entsprechen (daher auch die offensten unter ihnen mit a vocalisirt erscheinen: ha, ka).

Polnisch	Böhmisch	Illyrisch	Altslawisch	Russisch
w, ẃ	v	v	в	в
y	y	(i)	(ы)	ы
z, ź	z	z	ҙ	з
ż	ž	ž	ж	ж
dż	(dž)	dž	(serbisch ҋ)	

Orthographie ṡ, ſch (vgl. §. 8, 5); ſtatt č ſpricht man hier (außer in braucht man noch die urſprünglichen Laute g und ch.

A. Bemerkungen über die wendiſchen Vocale.

I. Einfache Vocale.

§. 3. 1. Das a klingt immer hell und rein: z. B. nana. Ein getrübtes a (wie z. B. in dem vulgären kånn = kann) giebt es im Wendiſchen nicht.

2. Der Laut des getrübten a iſt aber dem Wendiſchen nicht unbekannt; man bezeichnet ihn mit o. Dieſer Klang des kurzen o iſt im Wendiſchen der regelmäßige: z. B. to, wono (vgl. aber §. 4, 2).

3. Das flüchtige o verſtärkt ſich — ſteigert ſich — bisweilen, namentlich in einſilbigen Wörtern, durch Herbeiziehung des genetiſch ihm nahe ſtehenden u, wodurch ein aus beiden Elementen zuſammengeſetzter Miſchlaut entſteht, in welchem jedoch das o vorherrſcht — ó (böhm. ů): z. B. конь koní — kóń. — Sobald aber die Silbe ſich offen zeigt, d. h. nicht mehr mit einem Conſonanten ſchließt, pflegt das ó ſich der Steigerung wieder zu entziehen: z. B. kóń, hłód — Gen. ko-nja, hło-du (ausgenommen hródź, łódź u. ä.).

4. Das i wird weich geſprochen, d. h. mit einem ſanften j-Vorſchlage, der jedoch nicht als ſelbſtändiger Conſonant auftritt, ſondern mit dem i-Laute vollſtändig verſchmilzt: z. B. mi (gleichſam m-ji). Der Grund dieſer Ausſprache liegt offen-

bar in der Stellung des Vocales, der durch seine Entstehung oben im Gaumen leicht etwas Gequetschtes erhält (ji). Tiefer steht das y, welches wie das deutsche i in Sinn lautet. Dieses y ist eigentlich ein Doppellaut, hervorgegangen aus ui, wie wir aus dem Altslawischen* ы (d. i. ъ und i, ŭi: vgl. §. 5, 1) ersehen.** Nach jenem Unterschiede in der Aussprache bezeichnet man das i als das weiche, das y als das harte i.

Anmerkung 1. Dieselbe Art von Vocalverschmelzung können wir an dem griechischen πὒρ (d. i. puïr) — πύρ beobachten. Ebenso wird griechisches οι im Lateinischen durch y ausgedrückt: z. B. metycus == μέτοικος.

Anmerkung 2. Ein Nachklang von dem einstmaligen Doppellaute hat sich im Wendischen bis auf unsere Tage erhalten. Im Budissiner Dialekt nämlich wird nach den Lippenlauten b, p, f, w nebst m das schriftmäßige y durchweg als ó [um Hoyerswerda als reines u] ausgesprochen, welches ó [oder u] als Contraction aus oi [ui] anzusehen ist: z. B. dubó [dubu] == duby.

5. *a.* Das e entspricht zunächst einem kurzen deutschen ë, erhält aber als hoher Vocal wie das i leicht etwas Gequetschtes und klingt dann wie je, wobei aber der j-Vorschlag mit demselben vollständig verschmilzt. Dieses weiche e wird in der Schrift gewöhnlich durch je ausgedrückt; doch unterläßt man dieß nach l (§. 19) und den Kehllauten h, ch, g, k (§. 11): so daß also z. B. len und wulke wie ljen und wulkje gelesen wird. — Wo wir zur Erklärung einer Form eines einfachen Zeichens bedürfen, werden wir hier in der grammatischen Uebersicht das accentuirte é — gleichsam e mit darüberstehendem i — in Anwendung bringen.

Man unterscheidet also harte und weiche Vocale (y i, e é)!

b. In allen Declinationsendungen — mit Ausnahme des Vocativus (§. 30) und des Comparativus (§. 79) auf e — und

---

* Das Alt- oder Kirchenslawische ist der Dialekt der alten Bulgaren, der bei den südöstlichen Slawen heute noch als Kirchensprache gebraucht wird. Die oben beigefügten Schriftzeichen hat der eine der beiden Slawenapostel, Cyrill, um 855 erfunden, der auch zugleich die kirchliche Literatur begründete.

** Durch das tiefe u wird das folgende hohe i etwas herabgezogen, wodurch der gequetschte weiche Ton verloren geht.

in den Adverbien wird das weiche é (welches hier größtentheils aus dem altslawischen ѣ hervorgegangen ist: s. Nr. 6) in der Aussprache des Budissiner Dialekts zu i und nach den Zischlauten (vgl. §. 9, 1) wenigstens zu y emporgehoben: z. B. na rybje, dwě rybje, na wodźe, dźiwje, twerdźe, w sněze, mloce, w Praze, moce, tři noce, wulce* „sehr" (aber wulcy „die großen": §. 33, 1 *a*.; §. 72, 1), gespr. rybi, sněžy u. s. w. Beim Schreiben aber muß man sich der Endung e bedienen, da das i oder y nur eine dialektische Eigenthümlichkeit ist.

c. Das é steigert sich, besonders am Ende, nicht selten zu o: z. B. ludźo, kralojo, jow**, jo (Acc. Sing.) es, brjoh, st. des älteren ludźe (§. 34, 2), kralowje (§. 33, 4), hew, je, brjeg oder brěg, брѣгъ (so illyr. ioń = jej; russ. ёжъ, gespr. jož = jěž); ferner in den Adverbien tunjo, cuzo, hórco, Comp. zažo, jasnišo (§. 79); ebenso nochen aus nje cheu. Im Hoyerswerdaer Dialekt geschieht dasselbe beim Verbum: z. B. dźo, dawašo u. s. w. (um Budissin nur jo vulgär st. je, ist).

d. Bisweilen steigert sich in einsilbigen Wörtern é zu ě: z. B. žně, lžě, zlě, sćě (v. sto); einmal zu i und einmal dem entsprechend zu y: wši, Plur. v. woš, und wsy, Pl. v. wjes [st. wšě, wsě]: §§. 45, 8; 47, 2. Statt sćě, das durch Steigerung zu seinem einstmaligen Vocale (ѣ) zurückgekehrt ist, hört man um Budissin séi.

6. *a.* Das ě ist im Oberlausitzer Dialekt ein Mischlaut von i und e, den man wohl durch i^e ausdrücken könnte, und klingt ungefähr wie das deutsche i in den Wörtern mir, dir, wir: z. B. wěra. Das altslawische ѣ, jati genannt, war eine Art Doppellaut, der von den Bulgaren heute noch etwa wie ea oder ia, von den Polen ia (d. i. ja), in den übrigen Sprachen meistens (mit Schwächung des a zu e) wie e mit vorgeschlagenem j (je), im Böhmischen endlich (mit Zusammenziehung des aus ia geschwächten ië) als langes i gesprochen wird: вѣра wiara,

---

* Die Adverbia auf é stammen vom Locat. Sing. weiblichen Geschlechts.

** Hierher gehört auch žohnować, segnen, signare (vom Zeichen des heiligen Kreuzes).

вѣра, víra. — Das ĕ ist, wie seine Entstehung zeigt, ein
weicher Vocal.

b. In offener Silbe verflüchtigt sich ĕ bisweilen zu é: z. B.
měd, prěd-ku — mje-du, prje-dy.

II. Gedehnte Vocale.

§. 4. Gedehnte Vocale kennt das Wendische nicht; es
ist also z. B., wie wir schon oben andeuteten, e und o in der
Regel wie ĕ, ŏ (ε, o) zu lesen, nicht wie ē, ō (η, ω): z. B. te,
to, teho. Doch sind hier ein Paar besondere Fälle zu bemerken.

1. Das e hebt sich in seinem Klange *α)* vor dem hohen
Consonanten j und entspricht dann ungefähr dem ee in Schnee:
z. B. ste-jeć, de-jić, stej, dej; .

β) vor l (d. i. eigentlich lj nach §. 19. *b.*): z. B. přećel
(eigentlich přećeli oder přećelj), sćel;

γ) vor jedem Consonanten, auf den ein j folgt: zemja,
zemjenjo, bjerješ;

δ) gewöhnlich auch vor den mit Unterscheidungszeichen ver=
sehenen Consonanten, welche (wie ć u. s. w.: §. 8, 2; §§. 12
und 14) auf ein unterdrücktes j hinweisen: z. B. dźerżeć (älter
dérżetj), dźerżešć, bjerješ, třeći. (Das aus dem Nasalvocale
ѧ [§. 5, 2] hervorgegangene e hat den gewöhnlichen tiefen Klang:
z. B. пѧть, pjeć spr. pjĕć.)

2. Das o steigert sich zum Klange des deutschen oo in
Moor *α)* vor den Lippenlauten b, p, f, w, zu denen auch die
hauptsächlich mit den Lippen gebildete Liquida m gehört: z. B.
dobry, snop, row, dom;

β) vor dem in den Lippenlaut w übergesprungenen ł
(§. 6, 4): z. B. stoł, koł;

γ) ebenso mit Ausnahme von h vor den Kehllauten und
gewöhnlich auch vor den aus diesen entspringenden Zischlauten:
z. B. proch, bok, mrok, mrôćel, w prôše, moch, môšk. —
Vor h behält o in der Regel seinen flüchtigen Ton, wie in
noha, drohi, rohi, — außer wo die tieferen Vocale o und u
folgen, oder wo eine Contraction vorliegt: z. B. Bôhu, z Bôhom
(aber Bôha) kôho, drôha (russ. топóра) die Strasse. [Da

das Wendische die Neigung hat, das lästige schließende h aus
der Kehle auf die Lippen d. i. in w überspringen zu lassen
— vgl. běh, spŕah (běw, spŕaw) —, so werden auch die
Wörter roh, proh, brjoh ausgesprochen als ob sie mit w
endigten (rôw, prôw, brjôw); vor der Casusendung aber tritt
die Gutturale oder der entsprechende Zischlaut und das flüchtige
o wieder ein: rŏhi, prŏhi (obwohl eigentlich eine Contraction
vorliegt, wie попóръ zeigt), na prŏzy. Im Nominativ Bóh
ist das h stumm; ebenso in der genitivischen Bulgärform oh
st. eho (oho): z. B. dobroh st. dobreho: §. 71.]

3. Eine gewisse Länge enthalten natürlich auch ó und ě
als Mischlaute von o-u und i-e: z. B. tón, wón, měd, slěd.

III. Die Halb- und die Nasalvocale.

§. 5. Um in den Vocalismus des Wendischen eine tiefere
Einsicht zu gewinnen, müssen wir — wie ja jegliche Sprach=
forschung auf die ältesten Denkmäler zurückgeht — hier gleich
noch bemerken, daß das Altslawische unter seinen Schriftzeichen
noch zwei Halb= und zwei Nasalvocale darbietet: ъ, ь und ж, а.

1. *a.* ъ und ь, jer und jerk genannt, sind ein Paar
ganz flüchtige Vocale, die wir zunächst als das flüchtigste й (ö)
und ї (ĕ) zu fassen haben: vgl. z. B. сынъ sünü (suinu-s),
jetzt syn, Sohn, влък-ъ wlükü, jetzt wjelk, gothisch vulf-s, lat.
lupu-s, griech. λύκο-ς Wolf; огнь ogni, jetzt (w)oheń, lat. igni-s,
litth. ugnis. Das tiefe ъ entspricht also, wie das hohe ь dem
i, zunächst einem ursprünglichen u, wie in dem oben angeführ=
ten sünü. Oft jedoch geht ъ durch Schwächung aus ursprüng=
lichem a hervor, so daß also a hier zu u herabsinkt, wogegen
sich wiederum das auf a basirende ъ im Inlaute nicht selten
zu dem hohen ь erhebt: z. B. градъ gradŭ — wendisch hród,
niederl. gród — statt gradas; вежеи-ъ = sanskrit. vahâmas,
griech. ἔχομες (ἔχομεν); връба d. i. elbslawisches warba, und
хръбътъ d. i. elbslawisches charbat — später врьба, хрьбътъ,
womit auch das wendische wjerba und khribjet übereinstimmt.
— Interessant ist es, die indisch=europäische Urform varkas
(oder vrakas, in jüngerer Gestalt vlakas) zu beobachten, aus

welcher sich folgender Vocalismus entwickelt hat: sanskr. vrka-s (mit i), altsl. влъкъ (mit ъ), böhm. vlk, goth. vulf-s, litth. vilka-s, poln. wilk, wend. wjelk, griech. λύκο-ς (für Ϝλύκος, eigentlich wlukos), lat. lupu-s (für wlupus, eigentlich wlucus).

b. Das auslautende ъ ist im Russischen (ъ) stumm geworden, in den übrigen Dialekten ganz weggefallen: z. B. дяб-ъ dųb-ŭ, russ. дубъ d. i. dub mit consonantischem Schluß, poln. dąb.* Von dem auslautenden ь ist im Russischen (ь) wie in den meisten übrigen Dialekten ein j-Nachklang übriggeblieben: z. B. голжб-ь golųb-ï, russ. голубь d. i. golubj, wendisch holub oder hołb, poln. gołąb; огнь ognï, огень, wendisch ogeń oder jetzt (§. 6, 2; §. 25) wohen.

2. *a.* Von den Nasalvocalen ist ж der tiefere, a der höhere. ж erscheint im Polnischen als ą und ę (d. i. ong, eng, = französ. on, in), a als ią und ię: z. B. джбъ dąb, ржка ręka, вя(д)нж wiądnę und więdnę. In den übrigen slawischen Sprachen werden die Nasale durch gewöhnliche (wo möglich lange) Vocale ersetzt: z. B. dub (im Böhmischen mit Vocaldehnung doub-ek), ruka, wjadnyć, böhmisch vádnouti (mit langem a).

b. Der Laut a dürfte (vgl. oben ъ: §. 3, 6) im Altslawischen gewissermaßen zweisilbig gewesen sein: ея; wenigstens erklärt sich meiner Ansicht nach so am einfachsten die Erscheinung, daß im Wendischen in der dritten Pluralis neben Formen wie piju und pija — d. i. пижтъ — durch die im Altslawischen selbst nicht unerhörte Verwechslung von ж und a sich auch noch ein dreisilbiges pijeja — d. i. pija — gebildet hat.

---

* Der Abfall des ъ ist der Grund, warum in den jetzigen slawischen Sprachen Wörter auch mit Consonanten schließen, während das Altslawische nur Vocale, bezüglich die Halb- und die Nasalvocale, zu Endungen hatte.

B. Bemerkungen über die Consonanten.

§. 6. 1. Die Consonanten b, p und d, t werden im Wendischen beiderseits genau unterschieden, ohne daß jedoch p und t bei der Aussprache hervorgepreßt würden.*

2. *a.* Ebenso wird im Wendischen das k nicht scharf hervorgepreßt, gleichwohl aber genau von g unterschieden. Dem deutschen k entspricht im Wendischen das aus ch verhärtete kh: z. B. khory, statt (wie der Niederlausitzer noch sagt) chory. — *b.* Das g ist im Oberlausitzischen wie im Böhmischen fast durchgehends in h abgeschwächt worden: z. B. slaw. gora — wend. und böhm. hora. — *c.* Das h vor einem Consonanten zu Anfang und in der Mitte des Wortes ist in der Gegend von Budissin stumm geworden: z. B. hłowa, hlina, wuhlo, žohnować; anderwärts wird es meistentheils noch ausgesprochen: so daß z. B. na hłowje beinahe wie náchłowje klingt. In der Schrift muß das h aus etymologischen Gründen beibehalten werden, um so mehr als es ja — abgesehen noch von dem unwandelbaren g der Niederlausitzer (z. B. głowa) — wirklich noch vielfach zu hören ist. Man darf den Kehllaut nicht einer Bequemlichkeitslaune des Budissiner Dialekts opfern.

3. ch, im Illyrischen durch h ausgedrückt, ist das Zeichen für einen einfachen Laut: x, χ.

4. Das volle slawische l**, das — wie in dem englischen Worte table ꝛc. — aus der Kehle hervordringt und sich dann durch den Mund hin ausbreitet (gutturale Liquida), ist, was in den Sprachen nicht selten vorkommt, im Oberwendischen (wie im Kleinrussischen ꝛc.) auf die entgegengesetzte Stelle übergesprungen und auf diese Weise zum Lippenlaute, zu einem w, geworden. Dem Niederlausitzer ist das eine wie das andere geläufig; der Böhme hat hier das auch im Deutschen gewöhnliche l.

---

* Ganz dasselbe gilt von der sächsischen Aussprache des Deutschen, der man also mit Unrecht den Vorwurf macht, daß sie die „harten" Consonanten mit den „weichen" verwechsele.

** In der Gegend von Stolpen ꝛc. ist das l dem deutschen Munde geläufig.

5. Der Laut f ist im Wendischen, wie im Slawischen überhaupt, sehr selten.

6. Die mit dem Unterscheidungszeichen (') versehenen Buchstaben b́, ṕ, ẃ und ḿ, ń, f́ kommen nur am Ende des Wortes (der Silbe) vor und werden mit einem j-Nachklange ausgesprochen: z. B. kruwaf́ (Genitiv kruwar-ja), ćěŕće, zleḿ, zleḿće. Ursprünglich stand (vgl. §. 19. *b.*) an dieser Stelle ein i-Laut (z. B. kruwari), von welchem nur der consonantische Nachklang übrig geblieben ist. (Bei schlechter Aussprache wird letzterer auch gänzlich unterdrückt.)

7. S entspricht dem deutschen ß, z dem einfachen s; c hat vor allen Vocalen, so wie vor Consonanten die Bedeutung von z.

8. Die Zischlaute č, ć, dź sind in der Aussprache wohl zu unterscheiden. Č kann man im Deutschen durch tsch und dź durch dsch ausdrücken: z. B. čas, dźasna; ć aber ist eine Art z mit nachgeschlagenem j, welcher Laut dem Klange von č (tsch) nahe kommt, nur daß man das t (von tsch) nicht pressen darf: z. B. ćahać. Im Polnischen haben die aus d und t hervorgehenden Zischlaute dź und ć (§. 8, 2), die hier nur am Ende mit dem Accent erscheinen, noch ihren ursprünglichen viel weicheren Klang, etwa wie dzj, cj (vgl. бѫдҍ bądź [wend. budź], врать wróć [w. wróć]); im Wendischen aber ist ć in der Aussprache dem aus k entstehenden č nahe getreten, und dź hat geradezu den Laut des auf g basirenden dž (richtiges dsch) angenommen (vgl. §. 14).

9. Hinter d und t wird ć in der Gegend von Budissin wie das einfache c ausgesprochen: swědćić, wótće (Vocativ), tćeć — wie swědcić, wótcje, tcjeć.

10. Hinter d und t wird das schriftgemäße volle š um Budissin zu einfachem s (d. i. ß) abgeschwächt: młódši, krótši (młódßi, krótßi).

11. Ž klingt wie der Zischlaut in dem Worte Niesche, d. i. wie das französische j (z. B. jour). Ž ist ganz verschieden von š (sch).

12. Der Laut ř (erž genannt) ist im Wendischen in der Aussprache vollständig in das bequemere š übergegangen, wo-

für dann nach t meistentheils gar s gehört wird (vgl. §. 17, 1); schreiben aber muß man ř aus etymologischen Gründen als den Vertreter eines ursprünglichen r (nach k, p, t; denn außerdem kommt ř im Wendischen nicht vor): z. B. křiwy, přez, wótřić (von wótr-y), sotře. Im Böhmischen und Polnischen hat das ř noch seinen vollen Klang. (Vgl. §. 8, 1. *b.*)

C. Einfluß der weichen Vocale.

§. 7. 1. Wir haben bereits oben (§. 3, 4) bemerkt, daß der hohe Vocal i im Wendischen, wie in den meisten slawischen Sprachen, durch seine Entstehung im Gaumen leicht etwas Gequetschtes und somit Weiches erhält (ji), und daß man ihn als das weiche i bezeichnet im Gegensatze zu dem einfachen oder harten i, welches im Slawischen durch y ausgedrückt wird.

2. Dieselbe Erweichung erleidet, wie wir gleichfalls oben gesehen haben, auch der hohe Vocal e: so daß wir also ein hartes und ein erweichtes (weiches) e zu unterscheiden haben, welches letztere man in der Schrift meist durch je bezeichnet. (Im Russischen gilt e für weich, das seltene э dagegen für hart.)

3. Die Eigenthümlichkeit der Erweichung durch den j-Vorschlag — die Prä-jotirung — erstreckt sich schließlich auf alle Vocale. Wir bemerken also außer dem weichen i nebst ě die erweichten oder präjotirten Vocale je, ja, jo, ju: z. B. mje, mjaso (das ja geht auf ᴀ zurück: мᴀсо), brjoh, brjuch. Der Kürze wegen wollen wir sie alle mit dem Ausdrucke weich bezeichnen.

§. 8. Die weichen Vocale bringen durch den ihnen eigenen gequetschten Bestandtheil an den vorhergehenden Consonanten mehr oder minder bedeutende Veränderungen hervor, die wir bezüglich des Wendischen nun etwas näher betrachten müssen.

1. *a.* Die Lippenlaute b, p, f, w werden vor weichen Vocalen ohne weitere Veränderungen einfach erweicht: z. B. dub — dubina, na dubje, slepy — slepić, nowy — nowi, drjewo — drjewjany.

b. Ebenso werden die diesen Lauten nahe stehenden Liquidä m, n, r einfach erweicht: z. B. dom — w donje, klin —

zaklinić, dwór — na dworje, para — parić. Doch ist das nach k, p, t stehende r vor i und é wie vor a immer in ř übergegangen, welches ř die bequeme Aussprache zu š verderbt hat: z. B. mokry — mokřina, при — při, wótry — wótřić, kotryž — kotřiž, sotra — sotře, прадж — přadu, трясж — třasu.

Anmerkung. Das auf die Lippenlaute und die Liquidä folgende e ist immer präjotirt, auch wo dasselbe nach §. 4, 1 den hohen hellen Klang hat: z. B. bjez, mje, uje; derje, drjewo, trjebam, njebjo (mit hohem e), wjele, wjerba. Hart ist es hier nur dann, wenn es — was besonders in den Endungen vorkommt — auf einen harten Vocal zurückgeht: z. B. dobre (spr. dobrä) = доброю, dobreho = добраго, russ. добраго (wendische Nebenform dobroho: mit hartem Vocale); twerd-y — тврдъ-ъ.

2. *a*. Die Zahnlaute d, t verwandeln sich vor weichen Vocalen in die sanften Zischlaute dź, ć (illyr. ђ, ћ): z. B. blido — na blidźe, videre, Fιδεῖν, видѣти — widźeć, swět — na swěće, Šolta — Šolćicy, тягати — ćahać, město — w měsće.

b. Bisweilen geht d in z und t in c über: z. B. hospod-ař, howjad-o — hospoza, howjazy (st. hospozja, howjazi nach §. 9, 1); jěm (st. jěd-mi: §§. 94, 95, 97) — Imperativ jěz (st. jěz-i: vgl. hrož, proš §. 10, 2); posledy — najposleze (gespr. -zy, §. 3, 5. *b*.); mjetać, rjehotać — zweite Person mjeceš, rjehoceš, und so in allen Endungen vor e (d. i. ursprünglich é, §. 9); swět-ło, swěćić, — swěca (d. i. swět-ja); młóć-ić — młock (d. i. młócjk).

c. In einzelnen Fällen hat sich st und zd zu šć und ždź verdickt (vgl. §. 14, 6): měst-o — měšćan; hwizd-ać — hwiždźel (Wujezd — Wujeżdźan).

3. Am Ende steht dź und ć für ursprüngliches d-i, t-i: z. B. wjedź, żerdź, mjeć, nić für wjed-i (v. wjedu, ich führe), żerd-i, daher Demin. żerd-ka, mjet-i (v. mjetu, ich fege), nit-i, daher Demin. nitka. Sobald der weiche Vocal vollständig verschwindet, tritt der harte Consonant d und t wieder ein, wie wir eben an żerdka, nitka gesehen haben.

4. Der Zahnlaut d bleibt vor weichem Vocal unverändert nur in djas und djaboł. Ein unverändertes t kommt nicht vor.

5. Das Niederlausitzer Wendisch hat die bereits entstellten Laute dź und ć noch weiter verwandelt, und die hier üblichen Zeichen ź oder ż und śch oder ś werden ungefähr wie das polnische ź und ś (d. i. zj, sj) oder mehr wie das oberwendische ž und š ausgesprochen, doch so, daß das corrumpirte ź ż und śch ś durch stärkeren j-Nachklang von dem genuinen ž ż und śch š sich unterscheidet: z. B. żeń, żowka (źjeń, źjowka) = dźeń, dźowka, śma (śjma) = ćma, dawaś (dawaśj) = dawać, żarżaś (żjarżaśj) = dźerżeć, żcrż żerż (żerżj) = żerdź.

6. Die Entstellung der Zahnlaute im Wendischen ist um so auffälliger, da die übrigen slawischen Sprachen hier meist ohne weitere Veränderung die einfache Erweichung eintreten lassen: wie ходити, ходить, böhm. choditi = khodźić. Doch verwandeln sich die Zahnlaute d, t in gewissen Fällen bereits im Altslawischen in жд und шт, im Russischen in ж und ч: z. B. родити — рожденъ, роженъ (illyr. rojen) = rodźeny, насытити — насыштенъ, насыченъ = nasyćeny; im Polnischen wird daraus dz, c, im Böhmischen z, c (wobei der Zischlaut — vgl. §. 9, 1 — die folgende Weichheit absorbirt): rodzony, rozen (st. rodz-io-ny, rodz-je-n), nasycony, nasycen.

Anmerkung. Auf dieselbe Weise wie im Slawischen verwandelt sich im Griechischen das δ in den Zischlaut ś, indem z. B. aus dem Stamme φραδ durch Vermittelung der sprachwissenschaftlich feststehenden Form φραδjω im Laufe der Zeit das allgemein bekannte φράζω hervorgeht; ebenso κομιδ — κομιδjω — κομίζω u. s. w. (Vgl. §. 13 Anmerkung.)

§. 9. 1. Die Zischlaute z, s, dz, c werden in den slawischen Sprachen wie die Lippenlaute durch den präjotirten Vocal einfach erweicht: z. B. poln. ziemia, spr. zjemja. Im Wendischen aber haben die Zischlaute heut zu Tage die Eigenthümlichkeit, daß sie, was vereinzelt auch im Altslawischen vorkommt, den weichen Bestandtheil des folgenden Vocales absorbiren, so daß sich also e zu e und i zu y verhärtet: z. B. земля земя ziemia — wendisch zemja, зима зима poln. zim-no — wend. zyma, грозити грозить — hrozyć. Im Polnischen geschieht

daſſelbe wenigſtens bei c (wie zur Unterſcheidung von dem ſanf=
ten Ziſchlaute ć): z. B. цѣлъ — cały ſt. c-ia-ły (dagegen
cichy d. i. ćichy, wend. ćichi).

2. *a.* Von dem altſlawiſchen ѣ (ja, je) bleibt hierbei nur
ein hartes e übrig, das, bei den Niederlauſitzern noch in Ge=
brauch, im Oberwendiſchen meiſtentheils zu (dem harten) y empor=
ſteigt: z. B. сѣно, цѣлъ — niederl. seno, cely — oberl.
syno, cyły; сѣдѣти — sedźeć, sydać; sedło (Sattel),
sydło (Sitz).

b. Auch von der Endung ѣ, vor welcher die Gutturale
in den Ziſchlaut übergeht (§. 13), erhält ſich nur der harte Be=
ſtandtheil derſelben, das e, welches dann im Budiſſiner Dialekt
zu y emporgehoben wird: ржка нога — ржцѣ ножѣ — wend.
böhm. ruce noze (um Budiſſin rucy, nozy geſpr.), polniſch
ręce, noze. — Ganz eben ſo verliert die Endung и ihre Prä=
jotirung: z. B. (wulci, droz-i) wulcy, drozy (ſ. §. 13).

3. Am Ende der Silbe wird, wo ein i verſchwunden iſt,
die erfolgte Erweichung von z und s im Ruſſiſchen durch ь
(§. 5, 1. *b.*), im Polniſchen durch ź und ś bezeichnet: z. B.
везь (d. i. вез-и) wież, несь (ſt. нес-и) nieś; im Wendiſchen
aber zeigt ſich (wie im Böhmiſchen) nach Nr. 1 keine Spur von
der einſtmaligen Erweichung des Ziſchlautes: wjez (hartes z),
njes.

Anmerkung. In gewiſſen Fällen gehen die Ziſchlaute auf
die Gutturalen zurück: worüber §. 13.

§. 10. 1. Vor weichen Anhängeſilben gehen die Ziſchlaute
z, s, dz, c in die Spiranten ž, š, dž, č über: z. B. книзь
knjez — книжь, книжни, knježi, kněža, kněže, книже
kněže; отьць wótc — отуь = wótcowski ſt. wótći, отуе
wótče (Vocativ, den der Wende gegenwärtig wótcje ausſpricht:
§. 6, 9); krawc — krawči, krawče; zajac, wowca — zaječi,
wowči; holca — holčisko; просити (wend. prosyć) — прошѫ
prošu (ſt. prosi-ѫ, prosju), просить — прошу, poln. prosić
— proszę.

2. In den Verben auf -yć ſtatt -ić hat ſich das urſprüng=
liche i vor einem Conſonanten des Ziſchlautes wegen (§. 9, 1)

zu y verhärtet, wobei der Zischlaut unverändert bleibt: гроз-н-ти hroz-y-ć, грознши hrozyš, грозить hrozy, грозниѣ hrozymój u. ſ. w., prosyć, prosyš u. ſ. w.; wo ſich aber an das i ein Vocal anſchließt, geht das i in j über, und vor dieſem erweich= ten Vocale verwandelt ſich der Zischlaut in den entſprechenden Spiranten: грожж hrožu (aus грози-ж, grozjų), грожу, poln. grożę, Imperfect hrožach (ſt. hroziach) hrožo u. ſ. w., prošu, prošach, prošeny, prošo; Imperativ hrož, proš (ſt. hrozi-i, prosi-i).

3. Vor dem Suffix isko abſorbiren die Zischlaute z und s die Präjotirung deſſelben: z. B. koza — kozysko, włosy — włosyska, nós — nosysko.

4 *a*. Vor den Suffixen k und ny, die wir uns als ik und iny zu denken haben, geht der Zischlaut c (ц) in den Spiranten č (ч) über: z. B. kónc — Demin. kóněk oder (Luk. 16, 24) kónčik, lico лицó — líčko, ruſſiſch noch личико (ličiko); palc — palčk палчикъ, połojca — połojčny; pšenica — pšenička, pšeničny; měsac měsačk, měsačny.

b. Doch erleiden die auf c (eigentlich ci) ausgehenden Fe= minina nóc, móc (ношть, мошть, Grundform ноkт-н, мoгт-н*), wěc an ihrem ſecundären c keine Veränderung: nócka, mócny, wěcka. Ebenſo hat das Masculinum kórc im Adjectiv kórcny, während dagegen das Deminutivum kórčk lautet.

c. Die Zischlaute z und s werden von den Suffixen k und ny nicht afficirt: z. B. koza — kózka, wjes — wjesny (poln. jedoch: głos — głośny, rosa — rośny u. ſ. w.).

Anmerkung. In manchen Fällen gehen die Spiranten aus den Gutturalen hervor: ſ. §. 14.

§. 11. Die Kehllaute h, ch, g, k können einfach erweicht wer= den: z. B. ржкы — ruki, руки, орѣхы (Acc.) — worjechi орѣхи, сочхъ — suchi, велнкъ — wulki великій. Im Altſlawiſchen kann dieſe Erweichung nicht vorkommen, indem hier mit den Kehllauten nur die tieferen Vocale (a, ѫ) zuſammen=

* Vgl. 'Nacht' nebſt NOCT, *NTKT* in noct-is, νυκτ-ός (Nomin. nox, νύξ ſtatt NOCT-S *NTKT-Σ*), und 'Macht, ver- m ö g-en'.

treffen. Folgt aber, was im Wendischen und in einigen der verwandten Sprachen stattfindet, auf den Kehllaut einer der höheren Vocale (e, y), so rückt der Kehllaut selbst natürlich in eine höhere Stellung vor und erhält hierbei sehr leicht etwas Gequetschtes, das dann auf den folgenden Vocal mit einwirkt (so daß also e und y zu é und i erweicht). So wird hier der hochgewendete Kehllaut die Ursache der eintretenden Erweichung, während bei allen übrigen Lauten der von Hause aus weiche Vocal dem vorhergehenden Consonanten von seiner Weichheit mittheilt. Für das Wendische gilt also die Regel: Wo die Kehllaute vor die hohen harten Vocale e und y zu stehen kommen, drängen sie den betreffenden Vocal so hoch wie möglich hinauf (é, i) und erweichen sodann in Verbindung mit diesen erweichten Vocalen. So erklärt es sich leicht, warum nach den Kehllauten kein y steht (sondern i), und warum das mit denselben verbundene e immer als é d. i. je erscheint (§. 3, 5. *a.*). — Wir sprechen hier natürlich nur von dem Falle, daß der Kehllaut vor einem ursprünglich harten Vocale auftritt; denn wo ein naturwüchsiges i oder eine demselben entsprechende Präjotirung (§. 7) sich anschließt, geht der Kehllaut im Wendischen wie bereits im Altslawischen in ein anderes Lautgebiet über: was in den folgenden §§. (12—14) näher erläutert wird.

§. 12. Die Kehllaute h, ch, g, k verwandeln sich vor weichen Vocalen theils in die Zischlaute z, s, dz, c, theils in die Spiranten ż, š, dż, č.

§. 13. Die Kehllaute gehen zunächst in die Zischlaute z, s, dz, c über [so daß man z. B. sagt: drohi pŕećel — Plural drozi pŕećeljo]; aber sobald der Uebergang bewerkstelligt ist, absorbirt der wendische Zischlaut die Präjotirung, so daß von i und é nur y und e übrig bleibt (welches letztere in der Budissiner Aussprache zu y emporgehoben wird): z. B. drohi — [drozi:] **drozy**, noha — na [nozé] **noze** (Bud. nozy), figa — na fidze, ruka — ruce (fidzy, rucy). — Ebenso sagt man im Polnischen bei c und z: Polak — Polacy, srogi — srodzy, noga — nodze, ręka — ręce (st. nodz-ie, ręc-ie). Im Altslawischen tritt überall nur der Uebergang in den Zischlaut ein, ohne daß sonst etwas geändert würde: z. B. богъ — бози, доухъ — доуси, рѫка — рѫцѣ; im Russischen dagegen werden die Kehllaute einfach erweicht, bleiben also äußerlich ganz unverändert: z. B. рыбакъ — рыбаки — на ногѣ, рукѣ, ухѣ.

Anmerkung 1. Der Uebergang von ch in s ist im Wendischen wie im Polnischen und Böhmischen veraltet; der erweichte Zischlaut hat sich als š der Reihe der Spiranten angeschlossen: z. B. brjuch — w brjuše (statt brjus-ě, brjusě), mucha, wucho — na muše, we wuše, paduch — paduši; böhm. w hříších (in Sünden), poln. na musze.

Anmerkung 2. Im Griechischen gehen die Gutturalen — wie das dentale δ (§. 8, 6. Anmerk.) — vor j gleichfalls in Zischlaute über: vgl. $\tau\alpha\chi$-ίων (von $\tau\alpha\chi$-ύς), das sich in ϑάσσων verwandelt, und μείζων (von μέγ-ας), das auf μεγ-jων μεγιων basirt. Ebenso weisen πράσσω, φρίσσω, κοίζω (kwič-u, quiek en), βήσσω auf die Mittelstufe πραχjω, φριχjω, κοϊκjω, βηχjω zurück. — Lateinische und griechische Gutturalen erscheinen im Slawischen auch zu Anfang der Wörter vor den hohen Vocalen als Zischlaute: z. B. hol-us, (gew. olus, Kohl, Kraut) — wend. zel-e, zel-o; hiem-s χειμ-ών — zima, wend. zyma (§. 9, 1); hum-us χαμ-αί — zem-ja; χλωρ-ός — zelen-y; so auch GNO (gno-sco: cogno-sco, i-gno-tus) ΓΝΟ (γι-γνώ-σκω) — slawisch (durch die nicht auffällige Mittelstufe гьна) зна-ти zna-é, знаѭ zna-ju.

§. 14. Die Kehllaute verwandeln sich in die Spiranten ž, š, dž, č in folgenden Fällen:

1. Im Vocativ der Masculina auf é: z. B. богъ Bóh — боже Božo (aus älterem Bože), чєловѣкъ člowjek — чєловѣчє člowječe, доухъ duch — доушє ty duše (im Wendischen Letzteres im üblem Sinne; sonst ducho: vgl. §. 30, Anmerk. 2).

2. In Ableitungen und Weiterbildungen auf i: z. B. Bóh — Boži Boža Bože, člowjek — člowječi, ča, če, ruka — ručička, грѣхъ hrěch — грѣшити hrěšić, wuk-nyé — wučić. Dasselbe findet im Imperativ statt, dessen Charakter i wegfällt: z. B. pjek-u — pjeć, wumóc (d. i. wumóh-é: §. 102, 2) — wumóž [im Vaterunser]; im Altslawischen geht jedoch die Gutturale nur erst in den einfachen Zischlaut über: пєк-ѫ — пєци*.

---

* Daß der Imperativ auch im Wendischen einst auf i endigte und daß hier, so wie im Altslawischen, die Gutturale sich ursprüng-

3. In Ableitungen vor den Suffixen k und ny (die wir uns als ьk und ьny zu denken haben): z. B. roh — rózk (st. rožьk: vgl. koł — kolik und ржка — ржуька), noha — nóžka, proch — prošk (§. 4, 2. γ.), wucho — wuško, bruk — bručk, płuh — płužny, вѣкъ wěk (sacculum, acvum) — вѣчьнъ wěčny (aeternus), prěki — prěčny, mloko — mločny.

4. In den Wörtern auf ch, cha, cho vor ć und i: z. B. proch — w prošc (eigentlich prosé, прасѣ), mucha — (dwě) muše, wucho — wuše, mucha — mušiny, wucho — wušisko.

5. In den Wörtern auf k, ka, ko vor der Augmentativ= endung isko: z. B. bruk, ruka, wěko — bručisko, ručisko, wěčisko.

6. Die Gruppe sk verdickt sich durch die Mittelstufe sť vor é und i zu šć: z. B. pisk-ać — (pištéti) pišćeć, pišćel; błysk-ać — so błyšćić; hrodźisk-o — hrodźišćo. (Vgl. §. 8, 2. c.)

§. 15. Da die Spiranten, so weit sie nicht etwa primärer Natur sind, erst einem folgenden j-Laute ihre Entstehung ver= danken (§. 14), so müssen dieselben als weiche Consonanten lich in den einfachen Zischlaut verwandelte, ersehen wir aus der auf Pomhaj Bóh „Helf Gott!" erfolgenden Gruß=Erwiederung Wjerš pomazy „der Höchste helfe" (um Hoyerswerda abgekürzt: Bóh pomaz). Dieses pomazy geht auf das Verbum pomoh-u zurück, das aus der Präposition po und dem Stamme mag — deutsch: ich ver=mag — oder mog zusammengesetzt ist, von dem aber gegenwärtig nur die Iterativform pomham (st. pomaham) ge= braucht wird, und pomazy oder eigentlich pomazi ist ebenso gut ein Imperativ, wie das zu Anfange des Grußes stehende pombaj. Während aber von pomog-u oder nach wendischen Lautgesetzen pomoh-u der Imperativ (st. pomoh-i) pomozi lauten würde, hat das Wendische denselben von der Iterativform pomah-am aus einfach mit dem Charakter i gebildet: pomah-i — pomazi, so daß also pomazi — vgl. (§. 112) piš, wjež [d. i. pis-i, wjaz-i] neben pisa-j, wjaza-j — eine sich leicht erklärende Nebenform von pomahaj (jetzt pombaj) ist. Nach den wendischen Lautgesetzen aber absorbirt (§. 9, 1) der Zischlaut die folgende Präjotirung, und so verhärtete, wo der Schlußvocal nicht wie im Hoyerswerda'schen pomaz verloren ging, pomazi regelrecht zu pomazy.

bezeichnet werden. Wir wollen dieß unter Hinzunahme der verwandten Laute noch etwas näher betrachten (§§. 16—18).

§. 16. Die Präjotirung der tieferen Vocale a, o, u wird von den Spiranten mehr oder weniger absorbirt. Die Aussprache ist nach den verschiedenen Gegenden verschieden; doch wird meistentheils eine gewisse Weichheit des Vocales gewahrt, so daß z. B. žadać (ᴀ), žołma, žurk etwa wie žiadać, žiołma, žiurk gesprochen wird (vgl. niederl. žjaržaś = дрьжати, dźeržeć), wie auch im Altslawischen (ююдо später ѵоүдо) das Zeichen der Präjotirung manchmal geradezu beibehalten erscheint. — Der weiche Anhauch der höheren Vocale é, ě, i aber bleibt in der Regel ungeschwächt: z. B. čerstwy (gespr. tschjärstwy, nicht tschärstwy), wšědny, čisty; nur das Polnische und das Niederwendische läßt denselben vollständig in die Spiranten verschwimmen (so daß von i nur y übrig bleibt): z. B. žyto = žito, poln. niederw. szyja šyja = šija (poln. czysty niederw. cysty = čisty).

§. 17. 1. *a.* Aehnlich wie mit den Spiranten verhält es sich mit dem ächten ř, das sich — hier der Unterscheidung wegen durch rž bezeichnet — im Wendischen nur in folgenden Wörtern erhalten hat: ržeć (auch žrjeć [mit é!] gesprochen) und za-ržeć, skoržić, Khatyržinka, — in denen allen die Präjotirung bemerkbar bleibt. — *b.* Im Uebrigen sind, wie wir bereits (§. 6, 12) bemerkten, die consonantischen Verbindungen kr, pr, tr vor weichen Vocalen in der Regel in kř, př, tř übergegangen, wobei das ř in der Aussprache immer zu š abgeschwächt ist, welches š dann nach t fast überall wieder zu s verderbt wird. Aber auch hier hält sich die Präjotirung: z. B. přez (gespr. pschjäs, niemals wie pschäs), sotrě (gespr. ßottßjä, niemals ßottßä), tŕaść (d. i. трасти, gespr. tschjaszj, nicht tschaszj), butřanka (gespr. butßjanka, selten butßanka), třo (gespr. tßjö, wofür wohl niemals tßö gesagt wird), křud (gespr. kschud mit einem beinahe unhörbaren j vor u).

2. In Anschluß an diesen regelmäßigen Uebergang vor weichen Vocalen und nach Analogie desselben drängen die Explosivlaute k, p, t (und hierin dürfte der Grund der Erscheinung

liegen!) das folgende r im Niederwendischen ohne eintretende Erweichung überall da zu ŕ hinüber, wo das r von jeher unmittelbar hinter k, p, t stand und somit von dem Stoße dieser Laute unmittelbar afficirt wurde, — während dagegen in den Fällen, wo (wie wir aus dem Russischen wissen) zwischen k, p, t, und dem folgenden r einstmals ein Vocal vorhanden war (so daß also k, p, t und r sich ursprünglich nicht unmittelbar berührte), das r vor der Einwirkung des Stoßes geschützt blieb und sich in Folge dessen in seiner naturwüchsigen Gestalt als r erhalten hat: z. B. трава — niederw. trawa (gespr. tschawa); dagegen корова — niederw. krowa (oberw. gew. kruwa, so daß das ursprüngliche oo in û statt in ô verschmolzen ist). Bei diesem ŕ kommt natürlich eine weiche Aussprache nicht vor, da sich das ŕ nur unter dem Einflusse des Explosivlautes gebildet hat.

§. 18. Wie bei den Spiranten, so behält auch bei den sanften Zischlauten dź, ć der präjotirte Vocal mehr oder weniger von seiner Weichheit (und i wenigstens verhärtet niemals zu y): z. B. dźi, dźe (gespr. dschjä, niemals dschä) und dialektisch dźo (dschjö), dźasna (a = ѧ), ći, će.

§. 19. *a.* Das gutturale ł geht vor den weichen Vocalen und meist auch vor ny (ny) in das gewöhnliche l über (so daß also Bildungen wie na koł-je, mał-i, zł-i st. na kole, mali, zli* nicht zulässig sind): z. B. koł — kolik, běły — bělić, radło — radlica, zły — zlě, smoła — smolany (d. i. smoljany), stoł — stólc (stolc), stólčk. Das l absorbirt (den Muskauer Dialekt ausgenommen) jetzt gewöhnlich die folgende Präjotirung; nur vor e bleibt das j im Wendischen immer hörbar: z. B. kałaš — koleš (spr. koléš), len, běleny (daher die Regel, daß e nach l immer weich gesprochen wird: §. 3, 5); in älteren Drucken findet man aber noch ljaw = law, z wjeseljom, pŕećelja, pŕećeljo (Luk. 11, 5) u. s. w. — *b.* Bei den auf l endigenden Wörtern ist ein ursprüngliches i (oder j) abgefallen (vgl. §. 6, 6): z. B. kral (st. kralí), um

---

* Die richtige Form zli steht z. B. Jesai. 9, 17: ludakojo a zli.

Muskau noch kralj gesprochen, tućel, sćel (statt stéli, sćelj, Imperativ v. sćeł-u, στέλλ-ω: słać).

Anmerkung. Man nennt ł das harte, l dagegen das weiche l. Hier ist für den harten Laut gleichsam ein neuer Buchstabe erfunden worden (was umgekehrt auch von dem weichen dž, ć, č gilt), während man sonst nur erst die eintretende Erweichung (am Ende: §. 6, 6) besonders zu bezeichnen pflegt: z. B. dub (hartes b), hołb (erweichtes b). In der katholischen Orthographie, wo man nach der Aussprache w für ł schrieb, wurde das erweichte l consequenterweise durch ł ausgedrückt. Das altslawische л ist hart; es erweicht vor präjotirten Vocalen und klingt in Verbindung mit denselben natürlich wie lj (da eben ein j folgt): z. B. людъ ljudži. Das einfache l kommt hier nicht vor.

§. 20. Der weiche Hauchlaut j vereinigt sich mit allen Vocalen, die der Erweichung nicht widerstreben: z. B. jimać, jeho, jěd, jatra, brjóh, brjuch, konje konja konjom konju. Niemals aber kann sich j mit einem y verbinden, welches ja als das harte i jede Erweichung ausdrücklich zurückweist. (Wenn man in älteren Drucken jy zusammengestellt findet, z. B. jym für jěm, so ist dieß, indem man das zweckmäßige Zeichen ě nicht allerseits anerkannte, nur ein unglücklicher Nothbehelf statt des allerdings nicht gefälligen jjem. Beim Sprechen werden ě und y eben so wenig verwechselt, als j und y jemals mit einander verbunden.)

Uebersicht der weichen Consonanten.

§. 21. Zum Beschluß unserer Betrachtung der Consonanten müssen wir, weil die Sache für die Formenlehre von Bedeutung ist, hier nochmals darauf hinweisen, daß es im Wendischen wie weiche Vocale so auch weiche Consonanten giebt. Letztere sind — außer dem l und j — in der Schrift an dem Unterscheidungszeichen erkennbar; es gehören also — außer l und j — hierher die Spiranten ž, š, dž, č nebst ř, ferner die sanften Zischlaute dź, ć, endlich die silbenschließenden Lippenlaute ƀ, ṕ, ẃ nebst ḿ, ú, ŕ.

Verwandlung des a in e.

§. 22. 1. Die weichen Consonanten — die immer weichen so wie die eben erweichten — haben im gegenwärtigen Wendisch die Eigenthümlichkeit, daß sie, wie sie selbst höher stehen, ein zwischen zwei von ihnen tretendes a zu sich heraufziehen und dasselbe dadurch in helles e (gesprochen wie ee) verwandeln: z. B. altw. und niederw. jajo — jetzt oberw. jejo; měsćan — měsćenjo; pŕećelami, dnjami, žerdźami — jetzt pŕećelemi, dnjemi, žerdźemi; mročał-a gew. mročeł (statt mročeł-i: §. 19. *b.*); prošach — **prošcše** (niederw. pŕošašo).

2. Ausnahmsweise steigt unter denselben Umständen auch é zu i empor: Rakecy — Rakićan.

Doppellaute.

§. 23. 1. Die wendische Orthographie kennt folgende Doppelzeichen: aj, ej (etwa wie deutsches ee zu sprechen), ěj, ij, oj, uj, yj. Es sind dieß aber, obwohl aj dem deutschen ai entspricht ꝛc., keine eigentlichen Diphthonge; denn das j ist ein im Grunde consonantischer Bestandtheil, wie man sich leicht überzeugt, wenn man z. B. den Genitiv kra-ja betrachtet, von dem aus wir zu dem Nominativ kra-j (eigentlich kra-jü) gelangen. Vgl. de-jić, ste-jeć, hnojić, Imperativ dej, stej, Substantiv hnój (st. hnojü) u. s. w.

2. Aehnlich verbindet sich aw im Wendischen zu einem dem deutschen au entsprechenden Laute: pra-wy — praw-da (in andern slaw. Sprachen pravda gelesen).

Buchstabenverdoppelung.

§. 24. Das Wendische widerstebt, wie bereits das Altslawische, der Buchstabenverdoppelung (es giebt daher natürlich auch kein ck und tz). Nur in Zusammensetzungen können zwei gleiche Consonanten neben einander zu stehen kommen: z. B. wot-torhnyć, pod-dan, pod-teptać.

Vocalischer Anlaut.

§. 25. Vocalischen Anlaut vermeidet das Wendische, indem es den einfachen Hauchlaut h vor die Vocale setzt oder denselben, was viel häufiger geschieht, auf die Lippen überspringen läßt und so zu einem w gelangt: z. B.ити — hić, уже — hižo, оба — wobaj, орати — worać, орьлъ — worjoł, отъ — wot, оухо — wucho, niederl. hucho. Für das einfache h tritt auch nicht selten der weiche Hauchlaut j ein: z. B. акы — niederlauf. ako, oberlauf. jako neben hako; аблъка oder bereits mit weicher Anhauchung ιаблъка — jabłuko; agn-us агн-ьць — ιагн-ьць jehn-jo; asti (sanskr.), ἐστί, est — ιесть, jest, wendisch in je abgekürzt; ἄγγελος анъгелъ — jandźel; ἀπόστολος — japoštoł. Man unterscheidet hiernach im Wendischen einen dreifachen Anhauch: den einfachen (h), den verstärkten (w), den weichen (j).

Anmerkung. Der Grund der Verschiedenheit des Anhauches liegt in der Stellung der Vocale. Während der einfache Hauch h zu allen unter denselben paßt, eignet sich für das tiefe o und u am besten das ihnen verwandte labiale w (im Chorwatischen zeigt sich w wirklich nur vor u: z. B vucho), für das a in der Mitte und die hohen Laute e, i aber das hochstehende j. So erhält o naturgemäß keinen weichen Anhauch, außer wo dasselbe aus e hervorgegangen ist (§. 3, 5. c.), und u gelangt zu einem solchen nur auf einem Umwege, indem das hohe j — vgl. die Verwechselung von l und w: §. 6, 4 — bisweilen zu dem tiefen u hinabspringt, wie umgekehrt das labiale w manchmal zu dem hohen i emporsteigt: z. B. оуже уже — юже, böhm. už, juž, již = hižo; оутро утро — jutro jutře und dialektisch witro witře.

Zweiter Abschnitt.

Formenlehre.

Declination.

§. 26. 1. Man unterscheidet im Slawischen, wie in den verwandten Sprachen des indo-europäischen Völkerstammes, eine **nominale** und eine **pronominale** Declination (Beugung). Zu ersterer gehören die nomina substantiva (Haupt-, Dingwörter) und die nomina adjectiva (Bei-, Eigenschaftswörter); die letztere bilden die pronomina (Fürwörter), denen sich im Wendischen die adjectiva bis auf einige einzelne Nominalüberreste vollständig zugesellt haben.

Anmerkung. Wie die Unterabtheilungen der nominalen Declination (z. B. die sogenannten fünf Declinationen des Lateinischen) von einem gemeinsamen Grundtypus ausgehen, so führt die vergleichende Sprachwissenschaft auch die nominale und pronominale Declination auf eine ursprüngliche Einheit zurück.

2. Die nominale Declination zerfällt im Wendischen nach dem Geschlechte der Wörter in drei Hauptabtheilungen. Zur ersten gehören die **Masculina**, zur zweiten die diesen nahe stehenden **Neutra**, zur dritten endlich die **Feminina**; es giebt also für die Nomina im Wendischen drei so genannte Declinationen. Bei jeder derselben aber unterscheidet man wieder zwei Classen von Wörtern: eine mit **hartem** und eine mit **weichem** Charakter oder Kennlaut, je nach dem der letzte Consonant des Wortes, mag ein vocalischer Ausgang erhalten sein oder nicht (§. 5, 1. *b*.), den harten oder den erweichten Lauten sich zugesellt. Es wird hiernach, da die Endungen gegenseitig zum Theil abweichen, für jede Declination ein doppeltes Paradigma erforderlich. — Ist der Charakterconsonant hart, so tritt vor weichen Vocalen die regelrechte Veränderung ein (§§. 8—14).

Erste Declina

§. 27. Die Endungen der ersten Declination, denen wir und im Wendischen folgende.

a. Harter Wortstamm

Singu

Casus	Altslawisch	Wendisch	Paradigma
Nominativ	ъ	H. C.*	Dub
Genitiv	а [оу]	a, u	dub-a
Dativ	оу, ови	ej, u	dub-ej
Accusativ	ъ (а)	h. C. (a)	dub
Vocativ	є	ć, o	dub-je
Sociativ**	омь	om	dub-om
Locativ	ѣ, оу	é [e], u	dub-je†

Du

Nominativ	а, ы	aj	dub-aj
Genitiv	оу, овоу	ow	dub-ow
Dativ	ома	omaj	dub-omaj
Accusativ	а	aj (ow)	dub-aj
Vocativ	а	aj	dub-aj
Sociativ	ома	omaj	dub-omaj
Locativ	оу, овоу	omaj	dub-omaj

Plu

Nominativ	и, ове	i, y; owje ojo ja je	dub-y
Genitiv	ъ, овъ	h. C., ow	pjenjez, dub-ow
Dativ	омъ, овомъ	am	dub-am
Accusativ	ы, овы	y (ow)	dub-y
Vocativ	и, ове	i, y, owje ꝛc.	dub-y
Sociativ	ы, овы; ми††	ami	dub-ami
Locativ	ѣхъ, овохъ	ach	dub-ach

* H. C., W. C. = harter Consonant, weicher Consonant. (Bei
** Der Sociativ oder der Casus der Begleitung (z. B. z nanom) z nožom) — wird im Wendischen gegenwärtig nur in Verbindung
† Nach der Aussprache des Budissiner Dialekts: dubi.
†† Die letzteren Endungen, die wir um des Wendischen willen hier Stelle bemerklich. Was aber die Form ы betrifft, so ist dieselbe nicht

tion. (**Masculina.**)

gleich ein Paradigma zur Seite stellen, sind im Altslawischen

b. Weicher Wortstamm

lar

Altslawisch	Wendisch	Paradigma
ь	W. C.	Nóž
ɪa	a	noža
ю, евн	ej	nożej
ь (ɪa)	w. C. (a)	nóż
ю	o	nożo
емь	om	nożom
н	u	nożu

al

ɪa	(aj) ej: §. 22, 1	nożej: §. 22, 1
ю, ювоу	ow	nożow
ємѫ	omaj	nożomaj
ɪa	(aj) ej (ow)	nożej
ɪa	(aj) ej	nożej
ємѫ	omaj	nożomaj
ю, ювоу	omaj	nożomaj

ral

н, ювє; ю ††	é, ojo	nože
ь, ювъ	i, ow	noži
ємъ, ювомъ	am	nożam
ѧ, ювы	é (ow, i)	nože
н, ювє; ю ††	é	nože
н, ювъі; мн ††	(ami) emi: §. 22, 1	nożemi
нхъ, ювъхъ	ach	nożach

der zweiten und dritten Declination kehrt dieselbe Bezeichnung wieder.) — als Bezeichnung des Mittels auch **Instrumental** genannt (z. B. mit der Präposition z (d. i. съ) gebraucht.

anticipiren (§. 54. f.), machen sich auch im Altslawischen bereits an dieser ursprünglich, sondern aus ъ-мн hervorgegangen [влъкъ-мн   влъкы].

3

Anmerkung 1. In den Wörtern mit erweichtem b́, ṕ, ẃ und ḿ, ń, ŕ, die einstmals auf i endigten (§. 6, 6), tritt der j-Nachklang vor der Casusendung als vollständiges j ein: z. B. hołb́, ćeŕẃ, kóń, kruwaŕ — (Genitiv hołbja, ćeŕwja, konja, kruwarja — Dativ hołbjej — Plural hołbje, u. s. w.

Anmerkung 2. Beim Antritt der Declinationsendung verlieren mehrere Wörter einen flüchtigen Vocal, der im Altslawischen zum Theil als Halbvocal erscheint: z. B. котлъ kotoł — котлы oder котла kótła; псъ pos — пса psa; огнь wohń — огня wóhnja; дьнь (§. 54) dźeń — дьне und дьни dnja, Dual dnjej, dnjow; cybel — cyhla. Dieselbe Erscheinung finden wir in der dritten Declination: §. 45, Anmerk. 2 und 6. — Von ртъ, rót (jetzt gewöhnlich ert, kathol. hort: Genitiv erta, horta) hat sich erhalten do rta (dórtk), ze rta, ze rtom, wo róe (Matth. 18, 16).

Anmerkung 3. a. Der Accusativ Sing. ist durch Verlust seiner Endung dem Nominativ gleich geworden: z. B. dub (statt dub-ŭ[s]) — Acc. dub (statt dub-um; vgl. lup-u-m λύκ-ο-ν). Im Plural ist, was auch von den Femininis gilt, im Wendischen der Acc. auf y mit an die Stelle des Nominativs (auf i) getreten: z. B. duby, das im Nominativ einst dubi lautete (wie pósli von posoł: §. 33, 1).

b. Den dem Nominativ gleichen Accusativ haben gegenwärtig nur noch die so genannten unbelebten Wesen, die „inanimata": z. B. dub, doł, dźećel, hroch, kamjeń; die animata oder die belebten (die Thiere) nehmen im Sing. und Dual den Genitiv statt des Acc. an (deßhalb ist in der Tabelle die Accusativendung in runder Parenthese mit beigefügt): z. B. wjelk, law, jeleń, zmij — Acc. wjelka, lawa, jelenja, zmija; Acc. Dualis (dweju) wjelkow, zmijow, u. s. w.; die Benennungen der vernunftbegabten Wesen endlich, die rationalia, haben in allen Numeris den Genitiv zugleich für den Acc eintreten lassen: z. B. člowjek, kral — Acc. člowjeka, krala, dweju člowjekow, kralow, wšitkich člowjekow, kralow. — — Dasselbe gilt von den Adjectivis. (Bei der zweiten und dritten Declination findet ein solcher Unterschied nicht statt.)

Anmerkung 4. a. Fremdwörter hat das Wendische sich mundrecht gemacht: z. B. Marcus, Paulus, Simon Petrus, Matthaeus, Lucas — Mark, Pawoł, Šiman Pětr, Matthej oder Matej, Lukaš oder (kathol.) Lukas. Man unterscheidet auch hier harte und weiche Stämme, die sich dann dem betreffenden Paradigma anschließen (was auch von den Femininis gilt, wie

Madlena und Marja; Sara, Gen. Sary, 1. Mos. 17, 17; Röm. 4, 19). Von Jezus lautet der Gen. und Acc. Jezusa, der Dat. Jezusej, der Soc. Jezusom, der Loc. Jezusu, der Voc. Jezuso (auch Jezu), das Adjectiv Jeznsowy (z. B. Röm. 15, 16); von Khrystus* bildet man im Gen. und Acc. (nicht leicht Khrystusa, sondern) gewöhnlich Khrysta (z. B. Röm. 1, 16), im Voc. nur Khryśće: §. 8, 2. c. (nie Khrystuso), im Dat. Soc. Loc. aber Khrystusej, Khrystusom, Khrystusu, und ebenso im Adjectiv Khrystusowy (z. B. Matth. 5 Ueberschrift; 11, 2; Röm. 7, 4). In der Verbindung Jezus Khrystus hat Jezus vom Genitiv an durchweg Jezom, was jedenfalls auf dem lateinischen Acc. Jesum beruht: Gen. Acc. Jezom Khrysta (z. B. Pawoł wotroćk Jezom Khrysta, Röm. 1, 1), Voc. Jézom Khryśće, in der Umstellung dagegen: Khrystusa Jezusa, we Khrystusu Jezusu (Röm. 6, 11). Plural: falšni Khrystojo, falsche Christi, Matth. 24, 24.

b. Bei nicht eingebürgerten Namen richte man sich mit dem Decliniren zugleich mit nach dem Genius der betreffenden Sprache: z. B. Tit-us — latein. Gen. Titi, daher wendisch Tita (nicht Titusa, wie ja auch niemand Markusa sagt): Acc. list na Tita, der Brief an Titus (im N. Test.); z Tyra a ze Sidona, Luk. 6, 17; vgl. noch k Jerichu 10, 30, z Niniva 11, 32; ferner die zahlreichen nomm. propr. Röm. 16. — Sokrates — Genitiv Sokrata, Voc. Sokraće; Cicero — Gen. Cicerona; Nero — Nerona (2. Tim. 4 Nachschrift).

Bemerkungen über die Casus.

§. 28. Einige einsilbige Wörter — namentlich bóz, dom, hłód, hród, hroch, kał, len, lud, měd, płót, pót, rjad, sad — ziehen, besonders in Verbindung mit einer Präposition, den Genitiv auf u dem auf a vor (z. B. wjele sadu, do domu, z hrodu, do kału [warjenje kału, Sprüche Sal. 15, 17]), außer wo ein adjectivischer Zusatz (wie mojeho luda, Klagl. Jer. 3, 14, do noweho doma) die ursprüngliche Form gegen den Eindringling schützt, den wir wohl für den Locativ halten müssen. Es sind dieß — mit Ausnahme von lud, dessen Genitivform ludu wohl nur „des niederen Volkes" bedeutet — lauter Benennungen

---

* Nach der alten evang. Orthographie Krystus (statt Christus), und von Jesus der Genitiv nebst den übrigen Casus mit ß (Jesußa, Jesußej, Matth. 14, 1 und 12), — nach der analogen Khrystus, und Jezus: beiderlei Abweichungen der richtigen Aussprache wegen.

unbelebter Wesen, obwohl auch von diesen die meisten die regel=
mäßige Form auf a behalten: z. B. bok, ćas, črij, kruch,
khlěb, khlěw, Lipsk, młyn, nós, palc, pěsk, směch, sněh,
srědk, swět, wóz, zank. (In den anderen verwandten Spra=
chen hat die u-Form weit mehr um sich gegriffen, zum Theil
mit feinen Unterscheidungen, wie in бѣлость снѣга, die Weiße
des Schnees, und много снѣгу, viel des Schnees.)

§. 29. 1. Der Dativ hat die ursprüngliche Endung u
nur in Bóh — Bohu (vgl. §. 4, 2. γ). Außerdem hört man
k rowu hić, k wječoru (z. B. dźeń je so k wječoru nakhilił),
k měru, k ludu u. a., während man ohne k gewöhnlich rowej
u. s. w. sagt (s. Nr. 2). Ebenso findet man času (Röm. 12, 11),
duchu (Luk. 9, 42; Jac. 4, 5), hněwu (Matth. 3, 7; 1. Theß.
5, 9), hrěchu (Röm. 6, 10, wogegen B. 12 hrěchej), kwasu
(Luk. 3, 21), ludu (Ezech. 14, 6), sudu (Röm. 2, 3; 2. Petr. 2, 4);
von einem weichen Stamme: k sudnemu dnju (2. Petr. 2, 9).

2. Die jüngere Endung ej, welche auf die ältere Form
ewi oder eji (mit hartem e) zurückgeht und somit vollständig
dem altslawischen овн entspricht, ist gegenwärtig allgemein in
Gebrauch. (Eine ähnliche Formerweiterung wie bei овн statt оу
— s. unten beim Nomin. Plur.: §. 33, 4.)

§. 30. Im Vocativ haben die Substantive mit weichem
Charakter nur o (altslawisch ю): z. B. nožo, přećelo, hołbjo,
krajo; die andere Klasse schwankt zwischen dem ursprünglichen
é (z. B. dubje) und dem wohl mit ю zusammenhängenden o
(vgl. das weit auffälligere пѣстоунъ — pěston): z. B. syno
[altslawisch als vereinzelte Form сыноу; böhm. poln. ebenso;
poln. auch domu, ludu]. Es neigen aber

1. die Gutturalen h, k, ch zu o: z. B. roh, bruk, hrěch,
duch — roho, bruko, hrěcho, ducho (vgl. unten An=
merkung 3);

ausgenommen člowjek und paduch — člowječe, pa=
duše (neben člowjeko, paducho);

NB. Bóh hat Božo (statt des in den verwandten Spra=
chen noch gebräuchlichen Bože боже, so daß also o aus é her=
vorgegangen ist: §. 3, 5. *c*.);

2. *a.* die Zischlaute z, s, c zu o: z. B. mazo, wozo, djaso, časo, młodźenco, krawco, šewco (vgl. unten Anm. 3); pos — psó: §. 3, 3;

ausgenommen hólc — hólče (§. 10, 1); knjez — knježe; endlich [wie überhaupt die Wörter auf ьц-ь, obwohl die Endung zu den weichen gehört] auch отьць wótc — отьче wótče (gespr. wótcje: §. 6, 9);

b. ebenso das den Zischlauten nahe stehende r: z. B. měr, dar, mór, dwór, bur — měro, daro, u. s. w.;

ausgenommen Pětrje (Luk. 22, 34), mištrje (20, 21), bratře, kmótře, wětře; eventuell bur — burje: Anm. 2.;

3. *a.* die Lippenlaute b, p, w zu é: z. B. dub, serp, spěw, hněw, khlěw — dubje, u. s. w.;

b. ebenso das zu w gewordene ł (§. 6, 4) und das den Lippenlauten verwandte m: z. B. woł — wole (spr. wolje: §. 19), koł, doł; dom — domje, dym, štom; Abrahamje (Luk. 16, 24);

4. *a.* die Zahnlaute d, t zu é: z. B. lód, měd — lodźe, mjedźe (§. 8, 2); błud, hłód, susod; swět — swěće, knot, płót, prut, móst — mosće, porst; mój syno Daviće (1. Sam. 24, 17); Khryst-us — Khryšće;

ausgenommen lud — ludo; eventuell susod — susodo: Anmerkung 2.;

b. ebenso das den Zahnlauten nahe stehende n: z. B. błazn, hetman, Šiman, pan, póhan — błaznje (Matth. 5, 22), hetmanje (2. Kön. 9, 5), Šimanje (Luk. 22, 31); dorn — dornje, klin, klon, khrěn, młyn, sćěn, zwón, wopon (vgl. unten Anm. 2.);

ausgenommen nan, syn, Jan, len — nano, syno, Jano (vgl. unten Anm. 3), leno; endlich die mehrsilbigen Personenbenennungen auf jan (an): z. B. křesćijan křesćan — Vocativ -no; holan, krajan, měšćan, zemjan; Kulowćan, Wochožan.

Anmerkung 1. Diese der Budissiner und Löbauer Sprachvarietät eigene Unterscheidung der Vocative auf é und o, von denen der erstere (mit é) im Nordwesten des wendischen Gebiets mehr oder weniger ungebräuchlich ist, wird im guten schriftlichen Ausdruck mit Recht wohl durchgängig beobachtet.

Anmerkung 2. Bur hat im Voc. neben buro auch burje; von susod bildet man außer susodźe auch susodo. Bei den einsilbigen auf n ist der Voc. auf o nicht gerade auffällig: besonders khrěno, zwono.

Anmerkung 3. Bei den Wörtern mit doppeltem Vocativ drückt — mit Ausnahme derer in Anmerk. 2. — die Form auf é gewöhnlich entweder Spott oder Unwillen aus: besonders šewče, krawče, Jenje (v. Jan) „Hans" (Spott), ty měše (v. měch) „du Plumpsack!" ty duše (v. duch) „du Dämon!" paduše „Spitzbube!" Ebenso kann der mit Indignation gesprochene Vocativ nicht anders als durch člowječe wiedergegeben werden. (Sonst aber sagt man gleich richtig z. B. člowječe und člowjeko, ty njejsy za tón swět stworjeny, Mensch, du bist nicht für diese Welt geschaffen.)

Anmerkung 4. Der Titel knjez bleibt vor einem andern Vocativ unverändert: z. B knjez bratře, Herr Bruder! — Im Scherz sagt man auch knjez knježe!

Anmerkung 5. Ein Paar Beispiele vom Vocativ weicher Stämme sind mječo, (Ezech) 14, 17: mječo, dźi přez tón kraj; přećelo, Matth. 26, 50: mój přećelo; Judašo, Luk. 22, 48.

§. 31. Im Locativ haben die harten Wortstämme theils é theils u: das erstere ist das vorherrschende.

1. Die Endung é (um Budissin i gesprochen: §. 3, 5. *b.*) erhalten die Stämme auf b, p, w, die auf d, t und die auf ł, m, n, r: z. B. na dubje, w khlěwje; lód, swět — na lodźe, na swěće (§. 8, 2); doł — w dole (spr. dolje: §. 19), domje, klinje, dworje;

ausgenommen rjad: po rjadu, der Reihe nach; w kóždym rjadu, Luk. 9, 14; lud: po ludu (Röm. 3, 5).

2. Mit den Zischlauten z, s, c verbindet sich die Endung u: z. B. wóz, nós, škórc — na wozu, nosu, škórcu.

3. Die Kehllaute schwanken zwischen é und u. Ersteres wird, sobald es den Gutturalen in den Zischlaut verwandelt hat, nach §. 9, 2 zu e [y].

a. Die Wörter auf h haben é: z. B. sněh, proh — w (sněźe) sněze, na proze [dialektisch snězy, prozy gesprochen nach §. 3, 5. *b.*]; Bóh — w Boze [gesprochen Bozy: z. B. Röm. 3, 11];

ausgenommen běh, roh — w běhu, na rohu, und in katholischen Büchern Bóh — w Bohu.

b. Die auf k nehmen u an: bok — boku, w skoku; kłobuk hat gewöhnlicher (kłobuc-é) kłobuce [kłobucy, §. 3, 5. *b.*].

c. Die auf ch haben vorherrschend é, wobei ch [statt in s] in š übergeht (§. 14, 1): z. B. brjuch, hroch, kruch, měch, moch, plěch, proch, šórcuch — w brjuše, hroše (spr. hrôše: §. 4, 2. *;.*), na tamnom kruše, w měše, u. s. w. (statt brjus-é oder bruse [brjusy], wie vorher unter *a.*: sněze [snězy], u. s. w.);

ausgenommen w duchu, w hrěchu (doch auch we hrěše: Röm. 6, 1), na wjerchu.

§. 32. Im Dual hat das Wendische die Endung des Sociativus für den Locativ mit eintreten lassen. Ebenso wird (vgl. jedoch §. 44, 2. *b.*) der Genitiv Dualis durch den des Pluralis ersetzt. — In dem aj des Nominativs dürften die Formen ѧ und ы in eine verschmolzen sein, indem das letztere einen auch an ѧ streifenden Doppellaut enthalten konnte: z. B. волъ — волѧ und волы: wołaj. (Dieses ы fiel übrigens im Laufe der Zeit mit der wendischen Endung des Nom. Plur. zusammen, wodurch sich die Erscheinung erklärt, daß der Dual vereinzelt zugleich die pluralische Endung zeigt: z. B. dwaj kroškaj und dwaj [*крошькы] kroški.)

§. 33. A. Der Nominativ Pluralis der harten Stämme endigt auf i, y, owje, ojo, jo, ja.

1. *a.* Die alterthümliche Endung i haben nur einige rationalia bewahrt: Čert, djaboł, japoštoł, paduch, pachoł, posoł — čerći (§. 8, 2), djabli (§. 19), japoštoli (z. B. 2. Cor. 11, 5), paduši (§. 14, 4; z. B. Matth. 6, 19), pachoļi, pósli (z. B. 2. Cor. 11, 13); eventuell auch Čech, susod, Žid — Češi, susodźi (Johann. 1, 58), Židźi: vgl. unten Nr. 6. (Ebenso sagt man nicht nur mištri, sondern auch rekrući „die Rekruten".)

b. Außerdem gehören hierher nebst wojak und Prusak noch wotročk (vgl. Nr. 5), hrěšnik, rěznik, sudnik und andere rationalia auf ik, deren Plural-i sich nach Verwandlung der

Gutturale in Folge der wendischen Lautgesetze zu y verhärtet nach §. 9, 1: (wojaci) wojacy, Prusacy, wotročcy, hrěšnicy, rěznicy, sudnicy (Psalm 141, 6), — obwohl im Hoyerswerdaer Dialekt diese Fälle zu Nr. 2 gezogen werden;

c. ebenso die rationalia auf c, wie (Němci) Němcy, hercy, kupcy, wusměwcy 2. Petr. 3, 3 (vgl. jedoch Nr. 5 und §. 35).

2. Ganz verschieden von dieser Endung ist das hinter den unveränderten Kehllauten (§. 11) erscheinende i, das als Stellvertreter des allgemein verbreiteten y (s. Nr. 3) gefaßt werden muß: z. B. roh, kruch, wjelk, měznik — rohi, kruchi, wjelki, mězniki (statt roh-y, kruch-y, wjelk-y, měznik-y); ebenso (vgl. Nr. 1) im Hoyerswerdaer Dialekt wojeki [§. 22], hrěšniki, u. s. w., paduchi.

3. Die verbreitetste Endung ist y, welches (vgl. §. 34, 1) aus dem Accusativ in den Nominativ herüber genommen wurde (was wir §. 15 bereits am Altslawischen selbst sehen): z. B. dub, spěw, doł, dom, dorn, dar, sud, porst — duby, spěwy, doły, domy, u. s. w. — Ueber die Zischlaut=Stämme (z. B. palc) s. §. 35.

4. *a.* Die alterthümliche Endung owje, die sich hauptsächlich in der katholischen Mundart noch vorfindet, enthält (wie ewi овн in §. 29, 2) eine durch die Silbe ов bewirkte Erweiterung: z. B. сын-ъ — сын-ове, syn — synowje (und ebenso мѫж-ь muž — мѫж-еве: §. 34, 2. *b.*). Dieselbe hat sich durch die Mittelstufe owjo (§. 3, 5. *c.*) fast durchgängig zu ojo erleichtert, dessen Gebrauch unter *b.* erläutert wird.

b. Das augmentirte ojo — um Hoyerswerda mit durch y vertreten (Nr. 3) — ist im Allgemeinen die Pluralendung der substantiva rationalia: z. B. nan, syn, wótc, błazn, rybak — nanojo, synojo, wótcojo (2. Petr. 3, 4), błaznojo (Sprüche 14, 15), rybakojo (Luk. 5, 2);

ausgenommen wojacy, hrěšnicy, u. s. w. nach Nr. 1. *b.*

Anmerkung. Bisweilen wechseln die Endungen von 1 und 5: wotročcy 2. Kor. 4, 5, wotročkojo Luk. 17, 10; wopiłcy a wobžrancojo Sprüche 23, 21.

c. Wenn appellativa als Eigennamen gebraucht werden, treten sie mit der Endung ojo unter die rationalia ein: z. B. Baćon — Baćonojo, die Herrn Storch. (Vgl. §. 34, 2. c.)

5. a. Die Endung jo (o). Die Wörter auf jan [ан-инъ] — wofür nach weichen Consonanten an gesetzt wird — haben im Altslawischen im Nomin. Plur. ане, das sich im Wendischen zu janjo steigert (Nr. 4. a.) und dann (§. 22) zu jenjo erhöht: z. B. крьстианинъ krescijan — *кръстиане krescijenjo; holan, Kulowčan, zemjan, Slowjan — holenjo, Kulowčenjo, zemjenjo, Slowjenjo (um Hoyerswerda krescijany, u. s. w.: Nr. 3).

b. Derselben Bildungsart folgen in der Budissiner Sprachvarietät поган-инъ póhan, cygan, poddan, Serb, pop, bur, kmótr, knjez — póhanjo (Hoy. pohany), cyganjo, poddanjo, Serbjo (Hoy. Serbja: Nr. 6), popjo, burjo, kmótřo, knježo.

6. Die Endung ja [ия], die im Altslawischen noch in collectiver Bedeutung erscheint, finden wir in братриа bratřa „Gebrüder" (eigentlich) bratřija, gleichsam „Brüderschaft"), und in den zu den i-Pluralen Češi, susodźi, Židźi (Nr. 1) gehörigen Nebenformen Češa (statt Češija), susodźa, Židźa (die „Juden=schaft"), nebst mnich — mniša. Ebenso sagt man um Hoyerswerda (vgl. Nr. 5. b.) Serbja, popja (die „Priester=schaft"), burja, kmótřa, knježa.* Vgl. im Russischen братъ — братья, serbisch браћа, polnisch bracia; und сынъ — mit ов augmentirt: сыновья. — Der Genitiv lautet bratrow, Čechow, susodow u. s. w. nach §. 36, 2.

§. 34. B. 1. Der Nominativ Pluralis der weichen Stämme endigt im Wendischen statt auf и (s. §. 27 Tabelle b.) auf das accusativische [я] ć (vgl. §. 33, 3): z. B. kij, dźećel, nóž, kóń, hołb — kije, dźećele, noże, konje, hołbje.

2. a. Vereinzelt, besonders bei den Wörtern auf тель, kommt hier (vgl. die Tabelle) im Altslawischen statt и die Endung e oder ѥ (ursprünglich и-ѥ: §. 55) vor, die im Wendischen um Hoyerswerda u. s. w. als ć wiederkehrt und gleich von Hause

* Auch krawc — krawča ist mir in der Hoyerswerdaer Mundart vorgekommen.

aus dem Nominativ eigen ist: z. B. пригтелѥ přećel-e, niederl. prijašel-e; мѫжнѥ мѫже muže; пастырнѥ pastyrje; ferner kral-e, wuj-e, pohonč-e, ludźe, hosée. Es sind dieß, wie man sieht, lauter rationalia, die denn auch hier, gerade wie wir oben (§. 33, 1) das charakteristische i fanden, sich ihren eigenen Nominativausgang geschaffen haben. (Vgl. *b.*)

b. Im Budissiner Dialekt nun lassen (was bei den nörd= lichen Wenden nicht vorkommt) die rationalia auf él und ŕ nebst ludźe und hosée die Endung ě sich zu jo (o) steigern: z. B. přećeljo, dobroćeljo, jandželjo [wobei das j nicht absor= birt wird (§. 19), indem jo für ijo oder нѥ steht], pastyrjo, kruwarjo, ludźo, hosćo; die übrigen aber — die auf j, l (nicht él), š, ž, č (§. 21) — nehmen den durch ов verstärkten, in der katholischen Mundart noch gebräuchlichen Ausgang owje [statt еве] an, der sich hier wie oben (§. 33, 4) durch die Mittel= stufe owjo im Allgemeinen zu ojo erleichtert hat: z. B. wuj-ojo, kral-ojo, mužojo, pohonćojo.

c. Wenn appellativa zu Eigennamen werden, erhalten sie natürlich auch hier (vgl. §. 33) die Endung der rationalia: z. B. Khmjel — Khmjelojo, die Herrn Hopfe (§. 33, 4. *c.*).

§. 35. Die auf Zischlaute ausgehenden Wörter, die zum Theil nachweislich einst den weichen Stämmen angehörten, zum Theil wenigstens irgend wann so aufgefaßt wurden, nehmen im Nom. Plur. die der Klasse der weichen (§. 34) zukommende Endung ě an, welche sich freilich des Zischlauts wegen sofort in hartes e (nach der Budissiner Aussprache y) verwandelt: z. B. ćele, palce [телъцн-ъ, палъцн-ъ], wóz, nós [gleichsam возъ, носъ, statt -ъ] — ćelce, palce, woze, nose (Budiss. ćeley u. s. w.: vgl. §. 3, 5. *b.*). Vgl. §. 11, 2. — Der Hoyers= werdaer Dialekt zieht auch die rationalia (Nr. 1. *c.*) hierher: Němce, kupce. (Polnisch: kupcy und kupce.)

§. 36. 1. Der endungslos gewordene Genitiv Plur., der im Altslawischen auf ъ ausgeht, ist im Wendischen sehr selten noch anzutreffen: z. B. hromada pjenjez, ein Haufen Geldes; meistentheils und in der Regel wird die durch в augmentirte Form gebraucht: z. B. dubow, lěsow, hrěchow. — Die weichen

Stämme halten ihre Endung i [ь (й: §. 55)] fester: z. B. hromada koni, hołbi, ludźi, hosći (nicht mit ow); černi, čerwi noži, muži, přećeli und přećel (mit Abwerfung der Endung i, wie §. 18 njedźel), wrobli: auch černjow, nožow, mužow, přećelow, wroblow. Aber mječow, knadźow, pućow, kruwarjow u. a. haben nicht leicht mehr i. — Von toleŕ bildet man im Genitiv wieder toleŕ (vereinzelt auch toleri), außer wo man Thalerstücke bezeichnen will: z. B. pjeć cylych tolerjow, fünf harte Thaler. (Vgl. übrigens §§. 43 und 49.)

2. Die vor jo oder ja eingetretene Consonantenveränderung reicht nicht über den Nominativ hinaus; daher: Serbjo, knježo und knježa, bratŕa — Genitiv Serbow, knjezow, bratrow, Dativ Serbam u. s. w. In der Bedeutung „Herrschaft" folgt das Wort knježa der adjectivischen Declination (§. 70): Gen. Acc. Voc. knježich, Dat. knježim, Soc. -mi.

3. Im Accusativ Plur. — der im Altslawischen ausnahmsweise auch auf и (§. 55) ausgeht: z. B. мѫжи — haben diejenigen rationalia natürlich wieder i, welche bereits im Gen. mit dieser Endung [ь oder, §. 55, й] versehen sind (Nr. 1): z. B. Gen. мѫжь [aber auch мѫжий] muži — Acc. muži; hósć — Gen. und Acc. hosći: z. B. prošenych hosći na kwas powołać, (Acc.) Matth. 22, 3; ludźi.

§. 37. 1. Die Femininalendungen, die im Dativ, Sociativ und Locativ Plur. (vgl. §. 15) eingedrungen sind, hat nur das Wort woł, auf dessen Declination wir §. 49 zurückkommen, nicht angenommen: wołom, wołymi (nach kón-i-mi: Nr. 2; gespr. wołómi: §. 3, Anmerk. 2), wołoch.

2. Als Sociativ von ludźo hat sich die alterthümliche Bildung ludźimi erhalten [людь-ми: §. 55], welcher auch das Wort kóń hier beigetreten ist: kónimi [gleichsam конь-ми (2. Kön. 5, 9 aber konjemi, wie auch um Hoy.)], — welche Form kónimi das o, indem конь- mit dem flüchtigen ь beinahe einsilbig erschien (poln. kon-mi), wie in geschlossener Silbe (§. 3, 3) zu ó gesteigert hat*.

3. Eben so alterthümlich lautet der Dativ und Locativ (§. 55): ludźom, konjom, ludźoch, konjoch [d. i. людемъ, конемъ, людехъ, конехъ: §. 3, 5. c.].

* Ausnahmsweise hört man auch in andern Wörtern imi statt emi: z. B. hosćimi (§. 55).

Zweite Declina

§. 38. Wir fügen den Endungen gleich das betreffende

a. Harter Wortstamm

Singu

Casus	Altslawisch	Wendisch	Paradigma
Nominativ	о	o	słowo
Genitiv	а	a	słowa
Dativ	оу	u, ej	słowu
Accusativ	о	o	słowo
Vocativ	о	o	słowo
Sociativ**	омь	om	słowom
Locativ	ѣ	é [e], u	słowje

Du

Nominativ	ѣ	é [e]	słowje
Genitiv	оу	ow	słowow
Dativ	ома	omaj	słowomaj
Accusativ	ѣ	é [e]	słowje
Vocativ	ѣ	é [e]	słowje
Sociativ	ома	omaj	słowomaj
Locativ	оу	omaj	słowomaj

Plu

Nominativ	а	a	słowa
Genitiv	ъ	h. C., ow	lĕt, słowow
Dativ	омъ	am	słowam
Accusativ	а	a	słowa
Vocativ	а	a	słowa
Sociativ	ы	ami	słowami
Locativ	ѣхъ	ach	słowach

Anmerkung 1. Wie morjo gehen polo, wjesele, pjerje pićé (pićo), dawanje (dawanjo), ččenje lectio, das Evangelium;

Anmerkung 2. In einzelnen Fällen sind Masculina, indem Wendischen zu Neutris geworden: z. B. кръм-ъ korm-o, хлѣб-ъ umgekehrt das Neutrum єзєро als Masculinum jězor erscheint, als diese Weise haben auch einige männliche Eigennamen im Nominativ Tryzno, Měto. In der Declination folgen dieselben natürlich dem Locativ Warku, Tryznu (nicht -nje), Dual Warkaj, Plural

tion. (Neutra.)

Beispiel bei.

b. Weicher Wortstamm

lar

Altslawisch	Wendisch	Paradigma
ѥ	é, jo	morjo
ia	ja	morja
ю	ju	morju
ѥ	é, jo	morjo
ѥ	é, jo	morjo
ѥмь	jom	morjom
и	ju	morju

al

и	i	mori
ю	jow	morjow
ѥма	jomaj	morjomaj
и	i	mori
и	i	mori
ѥма	jomaj	morjomaj
ю	jomaj	morjomaj

ral

ia	ja	morja
ь	w. E., jow	pól, morjow
ѥмъ	jam	morjam
ia	ja	morja
ia	ja	morja
и	jemi	morjemi
ихъ	jach	morjach

und alle Verbalsubstantiva auf é [-će (ćo), -nje (njo)]: z. B. also Genitiv: pola, wjesela, pjerja, pića, dawanja u. s. f. man das alte Schluß-ъ mit der Endung o zusammenwarf, im khlěb-o [neben dem viel gewöhnlicheren khlěb], — während hier hätte der Nominativ im Altslawischen ѥзеръ gelautet. — Auf das Aussehen von Neutris erhalten: z. B. Waŕko, Jeńko, Pětŕko, Masculinum: z. B. Waŕka, Dat. Waŕkej (Voc. Waŕko, Tryzno), Waŕkojo.

Bemerkungen über die Casus.

§. 39. Der Dativ auf u ist der gewöhnlichste: z. B. wěr mojemu słowu; drjewu (Matth. 3, 10); ćěłu (Röm. 8, 12); zornu (Luk. 13, 19); mjenu; městu (14, 9); blidu; pjeru; licu, mjasu, železku, wuchu. Daneben aber wird bei den harten Stämmen bisweilen (und um Hoyerswerda fast ausschließlich) die durch ов erweiterte masculinische Endung ej gebraucht (d. i. ewi, овн: §. 29, 2); so wohl immer kublej (nicht kublu). Das Wort dno hat als einsilbiges immer die verstärkte Form dnej (die jedoch nicht mit dnjej, dem Dativ von dźeń, zu verwechseln ist).

§. 40. 1. Den Locativ auf u bilden außer den weichen Stämmen nur die Wörter mit Gutturalen und den zwischen weich und hart schwankenden Zischlauten (vgl. §. 41, 2): z. B. we wuchu, we wušku, we wočku, na ličku, na jabłuku, we wójsku, na licu, mjasu, železu. Die übrigen haben den Locativ auf ě mit den entsprechenden Uebergängen: z. B. blido, město, kubło — na blidźe, w měsće, na kuble. Auch bei den Gutturalstämmen kommt ě mit der gewöhnlichen Veränderung vor: wucho, jabłuko — wuše, jabłuce (§. 13); mloko hat immer nur mloce (mlocy).

2. Unter den weichen hat polo (поле) neben polu noch die femininische Form poli.

§. 41. 1. Im Dual treten vor ě dieselben Veränderungen ein (§. 40): dwě blidźe, měsće, kuble; der aus der Gutturale entsprungene Zischlaut absorbirt dabei, wie im Locativ, die Präjotirung des ě: z. B. woko, wěko — dwě woce (wocy), wěce, zwei Schlingen, Deckel.

2. Die Neutra mit den Zischlauten c, z, s, die gewissermaßen (vgl. §§. 35; 40; 45. Anmerk. 7) zu den weichen Stämmen gehören, zeigen im Dual noch ein durch Absorbirung aus i (Tabelle b.) hervorgegangenes y: z. B. lico (urspr. лиц-ѥ), mjaso, železo — licy (statt lic-i), mjasy, železy.

3. a. Ebenso sehen wir bei око, woko (von Menschen wočko), und bei оухо, wucho, die Endung der weichen Klasse: очи wočí, оуши wuši. Die Declination ist dann folgende:

Gen. Loc. очню, очшню, Genitiv wočow, wušow; Dat. Soc. очима, очшима, Dat. Soc. Loc. wočimaj, wušimaj (vgl. §. 44). — *b.* In der übertragenen Bedeutung „Schlinge, Dohne" und „Henkel (des Topfes)" halten sich woko und wucho genau an die Endungen der harten Wortstämme: Nom. Acc. Voc. woce (wocy), wuše, Gen. wokow, wuchow, Dat. Soc. Loc. wokomaj, wuchomaj.

§. 42. 1. *a.* Im Nom. Acc. Voc. Pluralis nehmen woko und wucho die Dualendung an: woči, wuši; die übrigen Casus lauten: Gen. wočow, Dat. wočam (z. B. k wočam činić, zum Schein), Soc. wočimi [vom Dual aus gebildet] oder wočemi (statt wočami: §. 22, 1), Loc. wočach; ebenso wušow u. s. w. — *b.* In übertragener Bedeutung folgen woko und wucho dem Paradigma der harten Stämme: woka, wokow u. s. w.

2. Ueber den Plural von njebjo u. s. w. s. §. 44.

§. 43. Der nach Abfall des ъ endungsloß gewordene Genitiv Plur. (z. B. слов-ъ slow) wird meistentheils durch die mit в augmentirte Form ow ersetzt; z. B. slowow. Erhalten haben sich noch die hiernach alterthümlichen Formen lět und njebjes, z. B. dźesać lět, do njebjes, wofür niemals lětow, njebjesow gesagt wird; ferner měst in do tych měst bis hieher, do kolen bis an die Knie, und einige andere. (Vgl. §§. 36 und 49.)

§. 44. Scheinbare Unregelmäßigkeiten. 1. Das Wort njebjo (Stamm neb), Gen. njebja, erfährt im Plural immer eine Verstärkung durch die Silbe ес: Nom. Acc. Voc. njebjesa, Gen. njebjes, Dat. njebjesam u. s. w. Zu koło giebt es schon vom Nomin. Sing. an eine gleich gebräuchliche Erweiterung mit dem Suffixum ес: koleso, Gen. Plur. kolesow u. s. w.; ebenso: slowo Wort - slowjeso Zeitwort, čěło Körper — čěłeso Himmelskörper. Im Altslawischen findet man небо — Gen. небесе und неба, коло — колесе und колъ, око очесе und окъ, ухо — учесе und ухъ u. a. m. (Die Silbe ес gehört nicht etwa zum Stamme, wie die urverwandten Sprachen beweisen: z. B. OC-ulus, "ΟΠ-ι-ω [st. 'ΟΚ-τω] 'Οφθαλμός "ΟΣΣ-ε [statt ΟΚ-jε d. i. oči] — ок-о, u. a.)

2. *a.* Die Endsilben ен und ѧт, die gleichfalls Suffixa sind [vgl. z. B. рам-о — рам-ѧ, žrěb-c — žrěb-jo, звѣр-ь — звѣр-ѧ], verfürzen sich nach den slawischen Lautgesetzen zu dem Nasalvocale ѧ (poln. ję), wofür die verwandten Sprachen meist ё bieten, das dann zum Ersatz der Nasalirung im Wendischen zu jo (o) gesteigert wird (§. 3, 5. *c.*): z. B. знамѧ znamjo, бремѧ brjemjo, сѣмѧ symjo (§. 9, 2); жрѣбѧ žrěbjo (zrěbjo), коурѧ kurjo, осьлѧ wóslo; Gen. знамене znamjenja, звѣрѧте zwěrjeća u. s. w. Der Genitiv zeigt uns hier, wie der volle Nominativ lauten würde. Man vergl. den Abfall des τ in den griechischen Neutris auf μα: z. B. σῶμα statt σωματ, wie wir an dem Genitiv σώματ-ος erkennen. (Eine ähnliche Erscheinung wie bei den Neutris auf ен sehen wir bei den gleichartigen Masculinis, bei denen, falls nicht [wie im Wendischen ıc.] ein ь antritt, das auslautende ен in ы verschmilzt: z. B. камы, корь neben камен-ь, корен-ь, wend. kamjeń [d. i. kamjen-i: §. 6, 6], korjeń, nebst kam*u*-šk, kor*u*šk.)

b. Die Declination (§. 56) ist im Wendischen folgende: Nom. Acc. Voc. Sing. znamjo zwěrjo ćelo [телѧ], Genitiv znamjenja zwěrjeća [звѣрѧте] ćeleća, Dativ znamjenju, zwěrjeću, ćeleću, Soc. -njom -ćom, Loc. -nju, -ću; Dual Nom. Acc. Vocc. -ni -ći, Gen. znamjenjow und (vom Nom. Dualis aus) zwěrjećow (nicht zwěrjatow), Dat. Soc. Loc. znamjenjomaj zwěrjećomaj; Plural Nom. Acc. Voc. znamjenja zwěrjata [звѣрѧта], Gen. -njow -tow, Dat. -njam -tam, Soc. -njemi -tami, Loc. -njach -tach. Das erste Beispiel folgt, wie wir sehen, durchgängig den weichen Stämmen; von zwěrjo aber hat nur der Singular nebst dem Dual die weichen (vgl. Nr. 3 f.), der Plural dagegen die harten Endungen.

Anmerkung. Das Wort имѧ hat sich im Wendischen den harten Stämmen beigesellt: mjeno (statt ïmjeno oder jmjeno: vgl. stwa [ohne j] — do jstwy.)

3. Swinjo [свинѧ], Genitiv swinjeća, nimmt im Genitiv Dualis vom Nominativus aus (wie Nr. 2. *b.* und 4) die

weiche Endung an: Nominativ swinjeći, Genitiv swinjećow; der Plural wird von dem sonst so ziemlich veralteten Femininum swinja [свиния] gebildet: Nom. Acc. Voc. swinje, Gen. swini, Dat. swinjom (§. 49), Soc. swinjemi (§. 22, 1) und häufiger swinimi (§. 55), Loc. swinjoch (§. 36).

4. Dźěćo [дѣтя] würde im Genit. dźěćeća lauten; stößt man das e aus, so erhält man dźěćća; diese schwer auszusprechende Form erleichtert man zu dźěsća. Bei der Declination werden durchgängig die weichen Endungen verwendet: Nom. Acc. Voc. dźěćo, Dat. Loc. dźěsću, Soc. dźěsćom; Dual dźěsći, Gen. dźěsćow, Dat. Soc. Loc. dźěsćomaj. Der Plural folgt einer femininalen Bildung (§. 55, 2): N. Acc. Voc. dźěći; Genitiv ebenso; Dat. dźěćom (§. 49), Soc. dźěćimi (§. 55), Loc. dźěćoch (§. 36).

Dritte Declina

§. 45. Wir stellen auch hier den beiden Reihen von
a. Harter Wortstamm

Singu

Casus	Altslawisch	Wendisch	Paradigma
Nominativ	а	a	Ryba
Genitiv	ы	y (i)	ryby (ruki)
Dativ	ѣ	ć (e)	rybje (ruce)
Accusativ	ж	u	rybu
Vocativ	о	a	ryba
Sociativ	ою	u	rybu
Locativ	ѣ	ć (e)	rybje (ruce)

Du

Nominativ	ѣ	ć (e)	rybje (ruce)
Genitiv	оу	ow	rybow
Dativ	ама	omaj	rybomaj
Accusativ	ѣ	ć (e)	rybje (ruce)
Vocativ	ѣ	ć (e)	rybje (ruce)
Sociativ	ама	omaj	rybomaj
Locativ	оу	omaj	rybomaj

Plu

Nominativ	ы	y (i)	ryby (ruki)
Genitiv	ъ	h. C., ow	kop, rybow
Dativ	амъ	am	rybam
Accusativ	ы	y (i)	ryby (ruki)
Vocativ	ы	y (i)	ryby (ruki)
Sociativ	амн	ami	rybami
Locativ	ахъ	ach	rybach

* Hierher gehören auch die Zischlaut=Stämme wie mjeza, nóc:

Anmerkung 1. *a.* Nach dem Paradigma kólnja gehen die Consonant steht (welcher letztere den Bestandtheil j mit enthält): §. 19) duše, kože, Acc. zmiju, rolu, dušu, kožu, u. s. w.

b. Von Wörtern mit der vollständigen Endung i haben sich Acc. knjeni.

c. Von der ehemaligen Endung i zeugt in zahlreichen Wörtern verwandelt worden ist: z. B. пнштал-ь pišćel, дан-ь dań, кост-ь Genitiv pišćele, danje, kosće, młodosće, żerdże, nićе, myšе;

tion. (**Feminina.**)
Endungen gleich das betreffende Paradigma zur Seite.
          b. **Weicher Wortstamm**
lar

	Altslawisch	Wendisch	Paradigma
	ѧ	ja, i, w. S.*	kólnja
	ѩ	je	kólnje
	и	i	kólni
	ѭ	ju, i, w. S.	kólnju
	ѩ	ja, i, w. S.	kólnja
	ѥѭ	ju	kólnju
	и	i	kólni
al			
	и	i	kólni
	ю	jow	kólnjow
	ѩмъ	jomaj	kólnjomaj
	и	i	kólni
	и	i	kólni
	ѩѩ	jomaj	kólnjomaj
	ю	jomaj	kólnjomaj
ral			
	ѩ	je	kólnje
	ь	i, jow	swini, kólnjow
	ѩмъ	jam	kólnjam
	ѩ	je	kólnje
	ѩ	je	kólnje
	ѩми	jemi	kólnjemi
	ѩхъ	jach	kólnjach

siehe unten Anmerkung 7.
Wörter, in denen vor dem schließenden a ein j oder ein weicher z. B. zmija, rola, duša, koža, Gen. zmije, role (spr. rolje:

nur knjeni [кнѧгыни] und pani erhalten: Genitiv knjenje,

der weiche Schlußconsonant, der eben durch jenes i erweicht oder auch kóść, младост-ь młodość, жрѣдь žerdź, нить nić, мыш-ь myš; Acc. wie Nom. (Vgl. übrigens §. 54.)

Anmerkung 2. Die Wörter bróżeń [statt bróżn-i], studżeń [стоүдєнь Kälte], trěšeń, wišeń werfen beim Decliniren (vgl. §. 27. Anm. 2) das flüchtige e vor dem ń weg (wobei das dź in studżeń, da der Grund der Erweichung schwindet, wieder in d zurückgeht): Gen. bróżnje, studnje, třešnje, wišnje. (Dieselben bekommen dialektisch auch ein doppeltes Suffix [i-a]: bróżnja, studnja u. s. w.; dann hat der Acc., wie bei kólnja, die Endung u.)

Anmerkung 3. Die Feminina auf ej und oj — wie cyrkej, khorhoj — deren Endung (im Sanskrit als û und) im Altslawischen als das diphthongartige ъі (üi) erscheint — црькъі, хоржгъі —, lassen schon in den Nebenformen des Nominativus, црькъви und хоржгъви, und dann bei der Casusbildung vor folgendem Vocale aus dem u die Laute ъв hervorgehen (vgl §§. 102, 7; 113, 2); also: Nom. Acc. Voc. црькъі cyrkej, хоржгъі khorhoj, Gen. црькъвє cyrkwje, хоржгъвє khorhowje, u. s. w. (§. 56). Ebenso morchej, mutej (auch mutel), krušej (mit der harten Nebenform krušwa), pónoj Gen. pónwje [плъны Gen. плнъвє] und ponoje. [Kupoj, Łupoj, Gen. -poje, Loc. -poj statt -poji.]

Anmerkung 4. Der Stamm матєр (§. 56) erweitert sich im Wendischen bisweilen mit i: maćeŕ; im Altslawischen fällt das p als Auslaut ab und das є geht in и über: мати, — wendisch mać. Beim Decliniren erhält sich der volle Stamm; also: Nom. Acc. mać, seltener maćeŕ; Gen. матєрє maćerje; Dual maćeri; Plural maćerje. Der Voc. Sing. ist entweder wie im Altslawischen dem Nom. gleich: maći; oder er nimmt, was gewöhnlicher geschieht, die den weichen Stämmen (Tabelle b.) zukommende Endung ю (є) an: maće.

Anmerkung 5. Sól (соль) bildet die ungleichen Casus von der Nebenform sel (spr. seel): Gen. sele (spr. selje: §. 19), u. s. w.

Anmerkung 6. Die Wörter woš und rož [вьшь, ръжь] stoßen bei der Formenbildung (vgl. Anm. 2) ihren flüchtigen Vocal aus: z. B. Nom. Plur. wši (gewöhnlich schi gesprochen), ržana (verderbt żrana) muka Roggenmehl; rić [рнть] thut dieses nur in Verbindung mit der Präposition do: do rée (vgl. §. 27, 2). Von dem nur in der Form wó żni „zur Erntezeit" gebräuchlichen Sing. żeń [жьн-нво 'locus messis'] lautet das plurale tantum žně statt żnje (nach §. 3, 5. d.), Gen. żnjow, und do żni „bis zur Ernte, vor der Ernte". — Hierher gehört endlich auch das Wort wjes, Gen. wsy, das im Altslawischen noch mit weichem Schlußvocal erscheint, вьс-ь. (Vgl. übrigens §. 54.)

Anmerkung 7. Die Stämme mit den Zischlauten c, z, s folgen auf Grund der ursprünglich weichen Endungen [vgl. стьzи und стьza, śćeż-ka — ganz wie bei den Masculinis (§§. 35.

41, 2) — auch hier bei den Femininis der weichen Declination, indem dabei die Präjotirung in der bekannten Weise absorbirt wird: z. B. nóc, swěca, próca, mjeza, kołmaza, kosa (statt noci ношть, swěcja скѣштл, u. s. w.), Genitiv (einst nocje, swěcje, mjezje, u. s. w.) jetzt noce mjeze u. s. w. (nach kóln-je), — Dativ (einst noci, swjeci, mjezi, u. s. w.) jetzt nocy, swěcy, mjezy, u. s. w. (nach kólni); Accusativ nóc, swěcu, u. s. w.; Dual nocy, swěcy (nach kólni), Plural noce, swěce (nach kólnje). — *NB.* Im Budissiner Dialekt wird das aus é verhärtete e nach §. 3, 5. *b.* zu y hinaufgetrieben, weßhalb hier dann der Dativ und die betreffenden Dualformen mit dem Genitiv zusammenfallen: z. B. nocy.

Anmerkung 8. In dem einsilbigen Genitiv von wjes ist das é (von wsje) zur Consolidirung des Wortes zu i gesteigert worden (.wsi), das sich nach dem Zischlaute zu y verhärten mußte (§. 3, 5. *d.*): wsy. (Vgl. oben Anm. 6. und unten §. 46. s.)

Anmerkung 9. Eine Vocativendung o wird in Ticin's wendischer Grammatik Seite 13 aufgeführt.

Bemerkungen über die Casus.

§. 46. Im Dativ und Locativ Singularis so wie im Nom. Acc. Voc. Dualis unterliegen die Stämme auf d, t den uns geläufigen Veränderungen: z. B. woda, ćeta, pjata — wodźe, ćeće, pjeće (§. 22); mzda [мъздд, μισθός] Lohn — mzdźe, mit Vocalsteigerung — (§. 3, 5. *d.*).

§. 47. 1. Im Genitiv Sing. und Nom. Acc. Voc. Pluralis heben die Gutturalen das y zu i empor (§. 11): z. B. noha, ruka, mucha — nohi, ruki, muchi. — Im Dativ und Locativ Sing. so wie im Nom. Acc. Voc. Dualis gehen h und k in die entsprechenden Zischlaute z und c, das s aber in den Spiranten š über (§. 12. ff.): noze, ruce, muše. — Ueber die weichen Endungen der Zischlautstämme s. §. 45, Anmerk. 7.

2. Das Wort woš hat im Gen. Sing. und im Nom. Acc. Voc. Dualis wšě (z. B. jeneje wšč dla nichtó wšowy njeje) mit Vocalsteigerung statt wše (klingt also gerade wie der gleichfalls vocalisch gesteigerte nicht-rationale Plural zu wš-ón: §. 69); der Plural wši (Nom. Acc. Voc.) enthält,

wie es scheint, eine Steigerung von ě zu i (in Anklang an die i-Declination, §. 55: къиь — къши).

§. 48. *a.* Der durch Abwerfung des ъ endungslos gewordene Gen. Plur. der harten Wortstämme findet sich auch hier (vgl. §§. 36; 43) nur noch bei Bezeichnungen partitiver Verhältnisse und bei Präpositionen, besonders bei do: z. B. dźesać kop, hromada kur, stadło kruw (auch kruwow); do hór (in anderen Verbindungen horow: z. B. z našich horow). — *b.* Die weichen Stämme, besonders die auf osé, halten das i [ь (й: §. 55)] fester, namentlich unter den bei *a.* angegebenen Verhältnissen: z. B. našich dźěći (§. 44, 4), hromada swini (beide niemals mit ow), stadło husy (statt hus-i, des Zischlautes wegen: §. 9, 2); durje [дверн] — duri, do duri; wjele kosći (selten ow) кости-й, wišni, třěšni, myši (auch -njow, -šow); endlich dźewjeć mil, mit Abwerfung des Genitivzeichens i (vgl. §. 19. *b.*), pjeć kroćel, šěsć njedźel „sechs Wochen". Im Uebrigen braucht man jetzt, wie bei den Masculinis, gemeiniglich das secundäre ow: z. B. šěsć njedźelow „sechs Sonntage"; kólnjow, kolijow, šwalćow, kožow u. s. w. — Ueber Spali, Spal und andere Ortsnamen s. §. 53.

§. 49. 1. Die Feminina kruwa, Kuh, kury*, Hühner, husy*, Gänse, und die im Singular in die Klasse der Neutra übergegangenen Wörter swinjo, Schwein, und dźěćo, Kind, (§. 44, 3. 4; §. 55, 2. Anmerk.), die im Plural noch femininisch declinirt werden, zeigen im Dativ und Locativ Plur. statt des geläufigen am, ami (§. 45) die außergewöhnlichen Endungen om, omi: kruwom, kurom, husom, swinjom, dźěćom; kruwoch, kuroch, husoch, swinjoch, dźěćoch; der Sociativ aber wird (abgesehen von der Hoyerswerda'schen regelrechten Form krowami) also gebildet: kruwymi — was man nach §. 3, Anmerkung 2 kruwómi ausspricht —, kurymi, husymi, swinimi, dźěćimi.

* Statt des Singulars kura braucht man kokoš, Henne. Husy (statt husi, nach §. 9, 1. 2.) entspricht dem altslawischen Plur. гѫси (§. 55, 2) von гѫсь, d. i. hus (statt husi), jetzt im Sing. und Dual gewöhnlich deminut. hus-yca, -cy.

2. Was die Entstehung der Dative husom und dźěćom betrifft, so erklären sich dieselben durch die altslawischen i-Formen гѫсемъ, дѣтемъ (§. 55): nach §. 3, 5. *c.* wendisch husom, dźěćom; dasselbe gilt dann auch vom Locativ und Sociativ: гѫсехъ, дѣтехъ, гѫсьми, дѣтьми, husoch, dźěćoch, husymi, dźěćimi. Dieser Declination nun hat sich das Wort swinja (gleichsam swini-a) um so leichter zugesellt, als es selber den weichen Stämmen angehört; daher swinjem, swinjoch, gegenwärtig nach §. 3, 5. *c.* s w i n j o m, s w i n j o c h; Sociativ swinimi (§. 55). Nehmen wir aber zuletzt die uns bereits bekannten Formen konjom, konjoch und wołom, wołoch (§. 37) hinzu, so sehen wir eine (auf den i-Formen, §. 55, beruhende) Art Specialdeclination für Mehrheitsbegriffe (Schaar) vor uns, der sich die Wörter kruwa und kury ihrer Bedeutung wegen ganz von selbst anschlossen, und zwar als harte Stämme auch mit harten Endungen: Dat. Loc. kruwom, kurom, kruwoch, kuroch (wie bei woł, §. 37); Soc. k r u w y m i — gebildet nach wołymi d. i. wołü-i-mi, wie dieses auf kóni-mi (gleichsam kón-i-mi) basirt —, k u r y m i.

§. 50. Die vereinzelten Masculina mit der Endung a folgen im Dual und Plural der ersten Declination: z. B. předsyda, Łahoda (nom. propr.), Nahorka, ćěsla, Ćibanja, — Gen. předsydy, Nahorki, ćěsle, Ćibanje; Dativ předsydźe, Nahorce, ćěsli, Ćibani; Acc. mit u; Dual předsydaj, Nahorkaj, ćěslej (§. 22), Ćibanjej; Plur. Nom. předsydojo, Nahorkojo, ćěslojo (nach dem Hoyerswerdaer Dialekt předsydy, Nahorki, ćěsle), Gen. -dow u. s. w.

Pluralische Formen.

§. 51. Die appellativen pluralia tantum weichen in der Declination nicht ab: z. B. cypy (masc.); widły (fem.), widlički [widlička, Sing. „Gabelzinke"], knihi (neuerdings auch Sing. kniha), nožice, nóžnje, pasle; jatra (neutr.), wrota, spušćadła: Genitiv cypow, widłow . . ., nóžnjow (nóžni), pasli (paslow), jatrow u. s. w. Da sich keine rationalia darunter befinden, so kommt bei syntaktischer Verbindung das Genus derselben nicht in Betracht: z. B. nowe cypy, nowe widły, nowe wrota.

§. 52. 1. Die Familienbezeichnungen auf ecy (ocy), icy haben den kurzen endungslosen Genitiv und nehmen im Dativ das alterthümliche om an (nicht das femininale am, §. 37, 1. und 3.): Wićazecy, Šołćicy, „die Familie Lehmann (urspr. Lehn=mann), Schulze: Lehmann's, Schulzen's", Gen. Wićazec, Šołćic, Dativ Wićazecom [-емъ], Šołćicom (aber -cami, -cach).

2. Diese Formation geht von männlichen Personennamen aus, die im Altslawischen im Singular auf иштъ [овиштъ], im Nom. Plur. auf ишти endigen (§. 54. f.).

§. 53. 1. Die Ortsnamen auf ecy (oder ocy) und icy* — denen um Hoyerswerda und in der Niederlausitz sowie im Böhmischen und Polnischen die Accusativform auf -ce eigen ist (vgl. §. 33, 3) — erscheinen gleich den Familienbezeichnungen (§. 52) im Genitiv durchgängig endungslos: z. B. Boranecy, Brunecy (und auch noch Brunojcy), Bójswocy (und Bójswojcy), Rabocy, Bukecy, Ratarjecy, Malešecy, Dobranicy, Dobricy, niederl. Bolašojce, Gołkojce, Kosojce: Genitiv Boranec .... Kosojc; der Dativ geht auf am aus (nicht om, wie §. 52): Boranecam u. s. w.

2. Auch die pluralischen Ortsnamen auf owy, iny u. s. w. haben in der Regel gleichfalls den kurzen Genitiv: Bjezdowy, Wichowy, Wjelkowy, Njeznarowy (auch Sing. -row), Lipiny, Delany, Sernjany, Špikały, Żdżary, Žornoseki, Spalc, Kupjele, Tři žony; niederl. Bórkowy, Chojane, Dobrinje: Genitiv Bjezdow ..., Lipin ..., Żdżar, Žornosek, Spali und Spal, Kupjel, Tŕoch žón, Bórkow, Chojan, Dobrin. — Tranje (oberl.) hat Tran und Tranjow; ebenso Drěwcy: Drěwc und Drěwcow.

---

* Nach l und r verschwindet das i leicht: z. B. Bobolcy, Bólborcy, Pomorcy, Dobricy gew. Dobrcy. (Sowricy bleibt wegen wr unverändert.)

3. Mit ow bilden den Genitiv etwa folgende: Daški, Droby, Michałki, Ždźarki, Hory, Štyri duby; niederl. Górki, Kózle, Wiki: Gen. z. B. Daškow, Štyrjoch dubow.

4. Die Bezeichnungen der Ortschaften sind zum Theil appellativer Natur: z. B. Hlina, Hora, Hory, Hrodźišćo, Lipiny, Lipinki, Brĕzow ꝛc. ꝛc.; bei Weitem die meisten aber gehen auf nomina propria zurück. Zu letzterer Art gehören außer mehreren andern alle auf ecy (ocy) und icy; diese sind ursprünglich Benennungen männlicher Personen auf ншть, Plur. ншть: nach wendischen Lautgesetzen ic, icy. Diese Endung kann entweder gleich unmittelbar oder auch vermittelst der Silbe ок, ew (vgl. §. 29, 2 und 33, 4) an den Wortstamm antreten; doch wird die auf letztere Weise gewonnene Form ewicy oder owicy (während im Deutschen, z. B. Malešecy Malschwitz, das w gewöhnlich unangetastet bleibt) durch die Mittelstufe ejicy (ojicy) oder ejcy (niederl. ojcy), im Oberlausitzer Dialekt gegenwärtig so gut wie immer in ecy (ocy) verkürzt. Nehmen wir als Beispiel die Personennamen Boran („Widder"), Kós („Amsel"), Dobran, Dobroš (v. dobr-y). Von diesen bilden wir Folgendes: Boraništi und Boranowišti, der kleine (der junge) Boran, der Nachkomme des Boran: im Plural Boran(ow)isti, die Nachkommen des Boran, — wofür im Altslawischen auch der Singular vorkommt (vgl. Nr. 5), gleichsam „die Nachkommenschaft"; daraus nun wird nach den wendischen Lautgesetzen Boranic und Boranewic, Plural -icy: Boranejicy, Boranejcy, jetzt Borancey; ebenso niederl. Kosojce; oberl. Dobranicy, Dobrošecy. Hierdurch gelangen wir ganz von selbst zu dem Begriffe „Familie, Haus", der bei vorliegender Form (ecy, icy) im heutigen Wendisch noch ganz gebräuchlich ist: z. B. Budarjecy (wie Wićazecy, §. 52), die Familie Budaŕ, młynkecy, die Müllersfamilie. — Aus der Familie des Stammvaters aber, z. B. des Boran, entwickelt sich eine Ansiedelung, ein Dorf: daher z. B. Boranecy die Ansiedelung oder das Dorf der Nachkommen des Boran.* — Wir fügen

---

* Es giebt heutigen Tages noch einzelne Gegenden (in Rußland ꝛc.), wo alle Bewohner des ganzen Dorfes gemeinschaftlich den Namen des Stammvaters führen.

gleich noch einige andere, mehr oder weniger gebräuchliche Ortsnamenbildungen bei. 1. Die einfache Pluralisirung: z. B. Wjelkow-y, die Leute, das Dorf des Sohnes von Wjelk; ebenso: Delany, die Niederländer d. i. die Ansiedelung derselben. 2. Die Anwendung verschiedener Suffixa: bef. c, d. i. ць im Singular wie im Plural, ow, in, jan(y), ja (a), i (von welchem letzteren nur der weiche Nachklang — §. 6, 6 — verbleibt); z. B. Dub-c, der Ort des Führers Dub; Wjelk-ow; Budyšin der Ort des Budych (der Eigenname „Budich" findet sich in Budissin noch vor); Demjany; Lub-uš, Kluk-š; Dobruša (von Dobruch); Baćoń, das Dorf des Baćon; Liboń, Njechań.

5. *a.* Der Locativ der Familien- und Ortsnamen auf ecy (ocy), icy, der pluralisch zunächst auf ach ausgeht (z. B. Boranecach) und um Hoyerswerda nur in dieser Form vorkommt, endigt im Budissiner Dialekt durchgängig auf -cy. Dieses cy (eigentlich ci: §. 9), das wir meiner Ansicht nach als Locativ Singularis auf и (§. 27 Tabelle *b.*) zu betrachten haben, enthält, während alles Andere in den Plural übergegangen ist, den einzig noch vorhandenen Ueberrest der einstmaligen — unter 4 angeführten — Singularform ишть, die ursprünglich jedenfalls mehr zur Angabe der eigentlichen Familie (z. B. Budarjecy „bei Budaŕ's") als zur Bezeichnung des aus späteren Familien hervorgehenden Dorfes (z. B. Boranecy) gebraucht wurde. (Vgl. den singularischen Locativ wó žni: §. 45, Anmerk. 6, und die ganz entsprechende Form bei den Zahlwörtern: §. 64.) Wo nur von der Ansiedelung (also von Familien) die Rede ist, wird der Locativ immer pluralisch gebildet: z. B. w Nowych Bobolcach.

b. Einige andere Ortsnamen haben im Locativ statt ach vorherrschend oder doch nebenbei die Endung och: Spale — gewöhnlich Spaloch; Psowje, Ždźary — Psowjach, Ždźarach und Psowjoch, Ždźerjoch [d. i. ехъ: §. 37, 3; §. 22; vgl. §. 52].

Nachtrag zu den drei Declinationen.

§. 54. Außer den behandelten drei Declinationen [ъ mit der Abart ь; o mit der Abart ѥ; а mit der Abart ιа] giebt es im Altslawischen noch besondere Formen für diejenigen Stämme, die auf ein ursprüngliches i auslauten, sowie für jene, deren Endconsonant im Nom. abgeworfen wird. Im Wendischen haben die Wörter dieser Art, je nach dem sie als Masculina und Neutra oder als Feminina erscheinen, der betreffenden weichen Declinationsweise sich zugesellt. Doch sind einzelne Formen bis auf diesen Tag übrig geblieben (§§. 37, 44, 3. 4; 49).

§. 55. Die i-Declination ist folgende: 1. Nom. Acc. пѫть * (masculin.) *puć*, Gen. Dat. Loc. пѫти, Voc. ebenfalls пѫти, Sociativ пѫте-мь; Dual Nom. Acc. Voc. пѫти, Gen. Loc. пѫти-ю, Dat. Soc. пѫть-ма; Plur. Nom. Voc. пѫти-ѥ, Gen. пѫти-й, Dat. пѫте-мъ, Acc. пѫти, Soc. пѫть-ми, Loc. пѫте-хъ. (Vgl. griech. ὁ ἡ πόρτις junges Rind, Gen. πόρτι-ος, Dativ πόρτι-ι πόρτι, Acc. πόρτιν, Voc. πόρτι. Dual πόρτιε, πορτίοιν. Plur. Nom. Voc. πόρτιες πόρτις, Acc. πόρτιας πόρτις, Gen. πορτίων, Dat. πόρτισιν.)

Diese nur wenig Wörter umfassende Declination — es gehören außer einigen anderen hierher голѫбь *hołb*, чрьвь *ćerẃ*, гость *hóść*, гвоздь *hózdź*, лакъть *lohć*, людиѥ *ludźo*, ногъть *nohć*, медвѣдь *mjedwjedź*, und die Numeralia трие *tŕi*, четыриѥ *štyri* — ist, wie wir an der Abstumpfung der Endungen sehen, bereits im Altslawischen im Verschwinden begriffen. Kein Wunder daher, wenn dieselbe im Wendischen sich nicht mehr eigentlich vorfindet.

2. Nom. Acc. кость (feminin.) *kóść*, Gen. Dat. Loc. кости, Voc. ebenfalls кости, Soc. кости-ѭ; Dual Nom. Acc. Voc. кости, Gen. Loc. кости-ю, Dat. Soc. кость-ма; Plural Nom. Acc. Voc. кости, Gen. кости-й, Dat. косте-мъ, Soc. кость-ми,

---

* Dieser Nom. fällt mit dem weichen Nom. der ersten Declination zusammen: конь.

Locativ косте-хъ. (Dieselben Endungen haben die Zahlwörter 5—10: плть, шесть, седмь, осмь, девать, десать.)

Anmerkung. Hierher gehört der oben (§. 49) angeführte Plural dźéći. Ein Ueberrest ist wohl auch der im Löbauer Dialekt übliche Gen. Sing. und Nom. Acc. Voc. Plur. auf i: kośći.

§. 56. (Vgl. §. 44.) Consonantischer Auslaut. 1. *a.* Stamm знамен: Nom. Acc. Voc. знама, Gen. -мене (-менн), Dat. Loc. -менн, Soc. -менемъ; Dual Nom. Acc. Voc. -менн, Gen. Loc. -меноу, Dat. Soc. -менъма; Plur. Nom. Acc. Voc. -мена, Gen. -менъ, Dat. -менемъ, Soc. -мены, Loc. -менехъ. — Entsprechend gehen die Masculina: z. B. Stamm камен: Nom. камы (oder камен-ь), Acc. Gen. камене.

b. Aehnlich Stamm колес: Nom. коло, Gen. колесе, Dual колесъ, Plural колеса.

2. Stamm звѣрент: Nom. Acc. Voc. звѣра, Gen. -рате, Dat. Loc. -рати, Soc. -ратемъ; Dual Nom. Acc. Voc. -рати, Gen. Loc. -ратоу, Dat. Soc. -ратъма; Plural Nom. Acc. Voc. -рата, Gen. -ратъ, Dat. -ратемъ, Soc. -раты, Loc. -ратехъ.

Vereinzelte Adjectivformen.

§. 57. Die Adjectiva zeigen im Altslawischen noch die Nominativendungen ъ, а, о [ŭ, a, o], die genau dem lateinisch-griechischen us, a, um, ος, α, ον entsprechen, und schließen sich mit ihren drei Geschlechtern vollständig den drei Declinationen an: z. B. нов-ъ нов-а нов-о, nov-u-s nov-a nov-u-m, νέF-ος (spr. nevos) νέF-α νέF-o-ν*, добръ добра добро, Gen. добра добры добра, Dat. доброу, u. s. w. Das Wendische hat einstmals dieselben Formen gebildet: dobrŭ oder [nach Abfall des ŭ und mit Einführung eines euphonischen e] dober, F. dobra, N. dobro, Gen. dobra dobry (wie ryby) dobra, Dativ dobru, u. s. w. Aus jenen Zeiten haben sich aber nur einige

---

* In einigen Fällen hat das griechische Neutrum ganz wie das slawische den Endconsonanten abgeworfen: z. B. αὐτό (aber noch) ταὐτόν), ἄλλο, ἐκεῖνο.

so zu sagen erstarrte Formen erhalten, die bereits mehr oder weniger zu Adverbien geworden waren: z. B. blizko, daloko, nahe, ferne, cyło die ganze Zeit über, immerfort, z blizka, z daloka, na z dala, in der Nähe, Ferne, z cyła im Ganzen, po mału langsam, za starsku vor Alters. Adjectivisch ist das Neutrum geblieben in folgenden und ähnlichen Redensarten: dźensa je hwězdno, tužno; lětsa je sucho, mokro; tudy je ćopło; mi je lubo. Ein Masculinum hat sich erhalten in wjerš [statt wjeršn und dieses für älteres wjeršnů], das in der Grußerwiederung Wjerš pomazy allgemein gebräuchlich ist, und in wjeršen [euphonisch statt wjeršu, wie oben dober], welches in dem Ausdruck Bóh wjeršen vereinzelt noch vorkommt.

Im Uebrigen folgen die wendischen Adjectiva durchaus der Pronominaldeclination, der wir uns nun zunächst zuwenden müssen.

Pronominale Declination.

§. 58. Declination der Personalpronomina.

Singular.

Nom. Voc.	азъ	Ja, ich	ты	Ty, du
Genitiv	мене	mnje, mje	тебе	tebje
Dativ	мънѣ, ми	mni, mi	тебѣ	tebi, ći
Accusativ	мѧ	mje, mnje	тѧ	tebje, će
Sociativ	мъноѭ	mnu	тобоѭ	tobu
Locativ	мънѣ	mni	тебѣ	tebi

Dual.

Nom. Voc.	вѣ	mój	вы	wój
Genitiv	наю	naju	ваю	waju
Dat. Soc.	нама	namaj	вама	wamaj
Accusativ	нѣ	naju	вѣ	waju
Locativ	наю	namaj	ваю	wamaj

Plural.

Nom. Voc.	мы	my	вы	wy
Genitiv	насъ	nas	васъ	was
Dativ	намъ	nam	вамъ	wam
Accusativ	ны	nas	вы	was
Sociativ	нами	nami	вами	wami
Locativ	насъ	nas	васъ	was

Von dem pronomen reciprocum сѧ, sich, — wend. se, gewöhnlich gesteigert so —, das für alle Numeri und für alle Personen gilt, werden folgende Formen gebildet: Gen. себе, sebje, so, Dat. себѣ, си, sebi (sej), Acc. сѧ sebje, so, Soc. собоѭ, sobu, Loc. себѣ sebi.

Anmerkung 1. Die Formen mni, tebi, sebi sollten nach dem Altslawischen (ѣ) mit é schließen, welches auch in manchen Gegenden wirklich gehört wird; sie haben aber zur Unterscheidung vom Genitiv ihren Endvocal auf i erhöht (ausgenommen das zum Adverb gewordene wosebje „besonders"). — Das dualische naju, waju wird in der Umgangssprache bisweilen zu naj, waj verstümmelt.

Anmerkung 2. Die mit mn beginnenden Formen stehen nur nach Präpositionen, die, wenn sie consonantisch auslauten, vor dem mn ihren alten Halbvocal beibehalten: z. B. na mnje, při mni, we mni; přede mnje [пртд-ъ], přede mnu, bjeze mnje, ke mni, nade mnu, wote mnje. Statt ze mnu „mit mir" sagt man um Budissin zo mnu (съ мънож); aber ze mnje „aus mir" bleibt unverändert.

Anmerkung 3. Der Nom. Dualis der zweiten Person wój entspricht vollständig dem altslawischen вы (wüi). Nach Analogie desselben hat die wendische Sprache für die erste Person mit dem diese charakterisirenden m die Form mój gebildet statt des altslawischen въ, welches jedoch auch im Wendischen als wi* vereinzelt (besonders in älteren Drucken) noch vorkommt, als Simpler so wohl wie als Verbalendung (z. B. wi njebĕchwi = mój njebĕchmój). Der Nom. азъ weist auf älteres ag-am zurück: sanskr. aham, griechisch ἐγώ(ν), lat. ego. Im Wendischen hat азъ, das übrigens schon im Altslawischen zugleich mit dem weichen Anhauch als ѩзъ erscheint, nicht nur das ъ sondern zuletzt auch noch das z abgeworfen: ja (böhm. já).

* Statt wje. Die Steigerung des é zu i (§. 3, 5. d.) ist wohl zugleich ein Anklang an das Dual-i der folgenden Pronomina in §. 59, 2 und §. 60. Vgl. übrigens auch den Dual tej oder ći in §. 59*.

Demonstrativpronomen.

§. 59. 1. Tón, ta, to, dieser, diese, dieses.

Singular.

Nomin.	тъ tó-n	та ta	то to
Genitiv	того te-ho	тои te-je	того te-ho
Dativ	тому temu	той tej	тому temu
Accusativ	тъ tó-n (teho)	тѫ tu	то to
Sociativ	тѣмь tym	тоѫ teju, tej	тѣмь tym
Locativ	томь tom, tym	той tej	томь tom, tym

Dual.

Nomin.	та taj	тѣ tej, ći*	тѣ tej, ći*
Genitiv	тою teju	тою teju	тою teju
Dat. Soc.	тѣма tymaj	тѣма tymaj	тѣма tymaj
Accusativ	та taj (teju)	тѣ tej	тѣ tej
Locativ	тою tymaj	тѣма tymaj	тѣма tymaj

Plural.

Nomin.	т-и ći, te	ты te	та te
Genitiv	тѣхъ tych*	тѣхъ tych	тѣхъ tych
Dativ	тѣмъ tym	тѣмъ tym	тѣмъ tym

* Die Formen tej und ći, tych u. f. w. sind adjectivisch gebildet: siehe §. 71; vgl. auch §. 62, 2, 1.

Accusativ	ТЫ te (tych)	ТЫ te	ТА te
Sociativ	ТѢМИ tymi	ТѢМИ tymi	ТѢМИ tymi
Locativ	ТѢХЪ tych	ТѢХЪ tych	ТѢХЪ tych

Ebenso werden declinirt sam, sama, samo „selbst", und tamon, tama, o (gew. tamny: tamncho), „jener".

Bei dem verstärkten tónle, tale, tole, „dieser hier" wird jedem Casus die Silbe le angehängt: Gen. tcholе u. s. w. — Nach т gehen im Altslawischen u. a. онъ wón, къ-то štó (§. 61), und die Zahlwörter кдинъ jedyn, двa dwaj, обa wobaj.

Bemerkungen über einzelne Casus.

1. Nebenformen, die sich für die edlere Sprache nicht eignen, sind im Genitiv (bezüglich Acc.) und Dativ Sing. toho, tomu (verstümmelt toh, tom) statt tcho, tcmu; desgleichen im Nominativ Sing. te statt to.

2. Dasselbe gilt vom Gen. (Acc.) und Dativ Sing. aller Pronomina — mit Ausnahme von štó: koho, komu (§. 61) — und von dem der Adjectiva: z. B. dobroho statt dobreho, dobromu.

3. Im Sociativ Sing. wird im Femininum das u beim Pron. wie beim Adject. in der Umgangssprache gegenwärtig gewöhnlich weggelassen. (Za twojeju swakoweju, Ruth 1, 15.)

4. Der Locativ Sing. pflegt mit dem Sociativ zusammengeworfen zu werden. Nur im Hoyerswerdaer Dialekt wird die besondere Form dieses Casus noch durchaus fest gehalten.

5. Wie bei den Substantivis, so nehmen auch bei den Pronominibus und den Adjectivis die männlichen animata und im Plural nur die männlichen rationalia die hier in runder Parenthese beigefügte Genitivform als ihren Accusativ an: z. B. teho konja, tych mužow, dobrych přećelow.

6. Der Nom. Plur. auf i ist bei den Pronom. wie bei den Adjectivis nur für die rationalia: z. B. ći ludźo, diese Leute, dobri ludźo. (In manchen Gegenden bedient man sich dieser Endung gar nicht.)

7. Die Dualform auf aj (um Hoyerswerda mit durch ej vertreten) bezieht sich auf masculina: z. B. taj dubaj, diese zwei Eichen, konjej, mužej. — Die für das Femininum und Neutrum vorhandene Endung i ist nicht mehr im allgemeinen Gebrauch: z. B. stej služiłej tu ći rucě, Apostelgesch. 20, 34; moji rucě; twoji woči, Klagl. Jer. 2, 18. Dasselbe gilt von den Adjectiven: z. B. Bóh stwori dwě wulcy swěcy, 1. Mos. 1, 16.

2. Wón, wona, wono, (jener) er, sie, es.

Zur Declination von онъ, она, оно verwendet man die Casus des im Nominativ als Simplex ungebräuchlichen и, ıа, ıе.

Singular.

	онъ wón	она wona	оно wono
Nomin.	[и ji	ıа ja	ıе je]
Genitiv	ıе-го jeho, njeho	ıе-ıа jeje, njeje	ıе-го jeho, njeho
Dativ	ıемоу jemu, njemu	ıеи jej, njej	ıемоу jemu, njemu
Accusativ	и j-ón, njón (jeho, njeho)	ıѫ ju, nju	ıе jo, njo
Sociativ	нıмь nim	ıеѫ njeju, njej	нıмь nim
Locativ	ıемь njom, nim	ıеи njej	ıемь njom, nim

Dual.

	ıа wonaj, wonej	и wonej, -ni	и wonej, -ni
Nomin.			
Genitiv	ıею jeju, njeju	ıею jeju, njeju	ıею jeju, njeju

Dativ	нѣи jimaj, nimaj	нмѣ jimaj, nimaj	нѣи jimaj, nimaj
Accusativ	ѣ jej, njej (-ju)	ю jej, njej (-ju)	ю jej, njej (-ju)
Sociativ	нѣи nimaj	нѣи nimaj	нѣи nimaj
Locativ	ею nimaj	ею nimaj	ею nimaj

Plural.

Nomin.	и woni, wone	ѣ wone	ѣ wone
Genitiv	ихъ jich, nich	ихъ jich, nich	ихъ jich, nich
Dativ	нмъ jim, nim	нмъ jim, nim	нмъ jim, nim
Accusativ	ѣ je, nje (jich nich)	ѣ je, nje	ѣ je, nje
Sociativ	ними nimi	ними nimi	ними nimi
Locativ	ихъ nich	ихъ nich	ихъ nich

Anmerkung. Bulgärformen sind (vgl. oben Bemerkung 1) joho, njoho, (joh, njoh), jomu, njomu (jom, njom); im Femin. ji statt jej; im Neutr. wone statt wono. Ueber die Dualform woni statt wonej siehe oben Bemerkung 7. — Der Dativ jemu und der Acc. jeho ist, indem der Accent auf die letzte Silbe übersprang (russisch wirklich eró betont), per aphaeresin zu einem enklitischen mu, ho verkürzt werden, das sich indeß nur in Druckschriften findet. — Die mit n beginnenden Formen werden nur in directer Verbindung mit Präpositionen gebraucht: z. B. do njeho, k njemu, přez nju, we nich (nicht w nich, weil dann die Präposition im Wendischen nicht würde gehört werden), z nimi; aber: do jeho doma, in ejus domum, in desselben Haus (in sein Haus); z jich nanom, pola jich bratra, cum eorum patre, apud eorum fratrem, mit derselben Vater, bei derselben Bruder (mit ihrem Vater, bei ihrem Bruder), wot jeju płoda (Sprüche 18, 21). Man ersieht aus diesen Beispielen zugleich, daß das nicht auf das Subject zurückbezügliche sein, Plural ihr im Wendischen (wie im Lateinischen und Griechischen) durch die Genitive jeho, jeju, jich ausgedrückt wird (während bei directer Beziehung das Besitzpronomen swój [wie suus] in Anwendung kommt: z. B. staršej swoje dźěći lubujetaj, die Aeltern lieben „ihre" Kinder). — Im Uebrigen vgl. oben die Bemerkung 5.

§. 60. Possessivpronomen.

Singular.

	мой mój	моѩ moja	моѥ moje
Nom. Voc.			
Genitiv	моѥ-го mojeho	моѥ-ѩ mojeje	моѥ-го mojeho
Dativ	моѥмоу mojemu	моѥй mojej	моѥмоу mojemu
Accusativ	мой mój (mojeho)	моѭ moju	моѥ moje
Sociativ	моимь mojim	моѥѭ mojeju, mojej	моимь mojim
Locativ	моѥмь mojom, mojim	моѥй mojej	моѥмь mojom, mojim

Dual.

	моѩ mojej	мои mojej, moji	мои mojej, moji
Nom. Voc.			
Genitiv	моѥю mojeju	моѥю mojeju	моѥю mojeju
Dat. Soc.	моима mojimaj	моима mojimaj	моима mojimaj
Accusativ	моѩ mojej (mojeju)	мои mojej	мои mojej
Locativ	моѥю mojimaj	моѥю mojimaj	моѥю mojimaj

Plural.

	мои moji, moje	моѩ moje	моѩ moje
Nom. Voc.			
Genitiv	моихъ mojich	моихъ mojich	моихъ mojich

Dativ	мониъ mojim	мониъ mojim	мониъ mojim
Accusativ	моя moje (mojich)	моя moje	моя moje
Sociativ	монми mojimi	монми mojimi	монми mojimi
Locativ	монхъ mojich	монхъ mojich	монхъ mojich

Ueber die Nebenformen mojoho u. s. w. vgl. §. 59 Bemerkung 1.

Nach mój gehen auch twój und swój, „dein, sein", sowie naš, waš, „unser, euer".

Anmerkung. Neben mojeho, twojeho, swojeho und im Dat. Sing. finden sich in alten Drucken vom Stamme mъ, tъ, sъ aus (d. i. me-us, tu-us, su-us) die kurzen Formen meho, tweho, sweho, memu, twemu, swemu.

§. 61. Pronomen interrogativum und indefinitum.

Štó, što? wer, was? Něchtó, jemand, něšto, etwas.

Vorbemerkung. Das Wort besteht, wie uns das Altslawische zeigt, aus dem Stamme kŭ und dem Suffix to: къто, Neutr. ььто (vgl. lat. qu-i-s, griech. τίς aus κίς); Gen. кого, nach того §. 59, 1. Die ursprüngliche Form chto oder hto — wofür um Hoyerswerda heut zu Tage allgemein hdo gesagt wird — findet sich noch in něchtó „jemand", nichtó „niemand" und in dem Zahlbegriffe htójšto „eine ziemliche Anzahl", d. i. hto wě što: z. B. tam bě htójšto ludźi, dort war wer weiß was an Leuten (gleichsam quid hominum), d. i. ziemlich viel Leute. — Abgesehen von der Form hto oder hdo, so hat sich der dem Neutrum (vor ь) zukommende Zischlaut (ч-ь-то) im Wendischen mit ins Masculinum eingeschlichen, so daß wir dem altslawischen къто, ььто gegenüber zwei gleich klingende Formen erhalten: čto, čto, von denen aber dann die erstere zur Unterscheidung eine Vocalsteigerung eintreten läßt: čtó; zur Erleichterung der Aussprache wird hierbei schließlich noch č zu š verflüchtigt: štó, što. Die Declination aber vollzieht sich vom Stamme къ aus folgendermaßen:

Nom. štó	ně-chtó	što	ně-što	⎰Dual
Gen. koho	někoho	čeho	něčeho	⎱Sociativ
Dat. komu	někomu	čemu	něčemu	⎰kimaj
Acc. (koho G.)	(někoho)	što, čo	něšto	⎱Plural
Soc. kim	někim	čim	něčim	⎰Sociativ
Loc. kom, kim	někom, někim	čom, čim	něčom, -čim	⎱kimi

Ueber die Nebenformen koh, někoh ic. kom, čoho, čoh, čomu, čom und den Locativ kom, někom siehe die Bemerkungen zu §. 59.

Anmerkung 1. Der Accusativ čo wird nach Präpositionen gebraucht: na čo, za čo, wo čo, přez čo.

Anmerkung 2. Die Sociative kim, kimaj, kimi gehen von der Form ki aus (кый, кіа, кое), die sich in dem indeclinablen Relativum kiž erhalten hat [umschriebener Genitiv: kiž jeho, Dat. kiž jemu, u. s. w.; z. B. muž, kiž jeho znaju].

Anmerkung 3. Mit demselben ž (же), welches wir an der Form ki bemerken, tritt das interrogative štó, što in die relative Bedeutung über: štóž, Gen. kohož, Acc. Neutr. nach Präpositionen čož u. s. w.; z. B. powjedaj mi, što maš (interrogativ), erzähle mir, was (wie viel ic.) du hast, quid habeas; aber: daj mi, štož maš, gieb mir (dasjenige), was du hast, (id) quod habes; ja wěm, što ty njewěš, ego scio quid tu nescias; aber: ja wěm, štož ty njewěš, ego scio quod tu nescis.

Zahlwörter.

§. 62. Die Zahlwörter folgen der pronominalen Declination (von tón, ta, to; §. 59).

1.

Nomin.	Jedyn, einer	jena, eine	jene, eins
Genitiv	jencho	jeneje	jencho
Dativ	jenemu	jenej	jenemu
Accusativ	jedyn (jencho)	jenu	jene
Sociativ	jenym	jeneju, jenej	jenym
Locativ	jenom, jenym	jenej	jenom, -nym

1. Der Dual jenaj, jenej, jeni bedeutet „die einen beiden", der Plural jeni, jene „die Einen, die eine Partei", wie uni.

Ebenso zählt man die pluralia tantum mit jene: z. B. jene cypy, jene durje, wie una castra („zwei, drei Thüren" heißt dann dwoje, troje durje, wie bina, trina castra). — Nach jedyn geht auch žadyn, keiner.

2. Dem griechischen εἷς gegenüber (d. i. ἑν-ς, Gen. ἑν-ός) erscheint das slawische ѥдинъ durch ein d erweitert, das indeß im Wendischen beim Zusammentreffen mit n spurlos verschwindet — ausgenommen jednota, Einigkeit, und jednać, einen, versöhnen.

Ueber die Nebenform jenoho, über den Acc. jeneho u. s. w. siehe die Bemerkungen zu §. 59.

2.
Dwaj, zwei. Wobaj, beide.

Casus.	Masculinum.		Femin. und Neutr.	
Nomin.	Dwaj	Wobaj	dwě	wobě
Genitiv	dweju	wobeju	dweju	wobeju
D. S. L.	dwěmaj	woběmaj	dwěmaj	woběmaj
Accusativ	dwaj (dweju)	wobaj (wobeju)	dwě	wobě

1. Dwaj und wobaj gehen nach dem Dual von tón, haben aber in dwěmaj und woběmaj noch die ursprüngliche Form (mit ъ, ě), während dieselbe bei tón [statt těmaj oder čemaj zu lauten] aus der zusammengesetzten Declination (vgl. dobrymaj, §. 71) herstammt. Ebenso harmonirt dwě noch mit dem altslawischen тѣ (59, 1), wofür in Dialekten in adjectivischer Weise auch schon dwej vorkommt: wie denn statt wobě bereits vielfach wobej und wobi gebraucht wird.

2. Mit dwaj und wobaj verbindet sich der Dual (nicht der Plural).

3.
Tŕo, tŕi (spr. tŕjo, tŕi), drei, štyrjo, štyri, vier.

Die Zahlwörter von tŕi an haben eine besondere Endung für die masc. rationalia: z. B. tŕo, štyrjo u. s. w. Diese Form gründet sich meines Erachtens auf den aus der i-Declination (§. 55) herstammenden Nominativ трик, четырик: woraus wir mit Steigerung des e zu o (§. 3, 5. c.) zunächst trijo und ćetůrijo, sodann aber nach wendischen Lautgesetzen třijo — třjo — třo und ćetyrijo — štyrjo erhalten. Die also gewonnene (um Hoyerswerda nicht gebräuchliche) Endung jo (o) ist dann, während der Acc. три tři (wie zum Theil bereits im Altslawischen) mit als Nom. verwendet wurde, im Laufe der Zeit zur Unterscheidung der rationalia an alle Zahlwörter bis 100 excl. herangetreten. Die Casus gehen theils von der Form mit o theils von der i-Declination aus.

Nomin.	Třo	Štyrjo	tři	štyri
Gen. Loc.	třoch	štyrjoch	třoch	štyrjoch
Dativ	třom	štyrjom	třom	štyrjom
Accusativ	(třoch)	(štyrjoch)	tři	štyri
Sociativ	třomi	štyrimi štyrjomi	třomi	štyrimi

Nomin.	Pjećo, 5	Šesćo, 6	pjeć	šěsć
Gen. Loc.	pjećoch	šesćoch	pjećich, pjeći	šesćich, šesći
Dativ	pjećom	šesćom	pjećim	šesćim
Accusativ	(pjećoch)	(šesćoch)	pjeć	šěsć
Sociativ	pjećimi pjećomi	šesćimi šesćomi	pjećimi	šesćimi

1. Dieser Doppeldeclination folgen die Zahlen bis 99: z. B. sydom, wósom und (rationalia) sedmjo, wosmjo, sieben, acht; pjatnaće und (ration.) pjatnaćo 15; dwaćeći und (rat.) dwaćećo 20; dźewjeć a dźewjeć dźesat und (rat.) -saćo (dźewjećadźewjećdźesaćo) 99. Das Neutr. sto [сьто], 100, hat im Dual sćě (Budiss. sći), im Plural sta, Gen. stow (nicht set). Von dem veralteten tysac [тысѫшта, fem.], 1000, müßte die Nationalform tysaco lauten. — Die Genitive auf i gehören der i-Declination an.

2. Im Sociativ ist bei tři die Nationalform třomi auch für das um Hoyerswerda noch gebräuchliche třimi mit eingetreten. Von „vier" an wählt man die Bildung mit omi nur dann, wenn nicht noch ein Nationalsubstantiv hinzugefügt wird: z. B. z dwanaćomi, mit Zwölfen. (Doch wird auch hier dwanaćimi gesagt: wie Matth. 26, 20.)

3. Die Zahlen von 1 bis 4 werden (mit Einschluß der Nationalformen) adjectivisch behandelt: z. B. jedyn muž, dwaj mužej, tŕo, štyrjo mužojo, tři žony, tři dny, štyri dny. — Die von 5 an — im Altslawischen weiblichen Geschlechts — sind im Wendischen mit Ausschluß der Nationalformen in den drei gleichen Casibus Neutra und nehmen als Substantiva den Genitiv zu sich: z. B. šěsć žonow je tu było, sechs Frauen sind dagewesen, wörtlich „eine Sechszahl von Frauen", ἑξὰς γυναικῶν. Diese Zahlwörter von 5 an, die bisweilen mit für die rationalia eintreten, können als Adjectiva gebraucht auch unverändert gelassen werden, wobei sich die Declination an dem folgenden Worte vollzieht: z. B. pjećo mužojo (πέντε ἄνδρες) und pjeć muži (πεντὰς ἀνδρῶν); z dwanaćimi pokrutami und z dwanaće pokrutami; wot dwanaćoch muži, z dwanaćimi mužemi, und wot dwanaće muži, z dwanaće mužemi.

§. 63. Wo das natürliche Geschlecht nicht in Betracht kommt, z. B. beim Hersagen der Zahlen, bedient man sich der einfachsten Formen: jedyn (verstümmelt jen), dwaj, tři, štyri, pjeć, šěsć u. s. w. — Die Glockenstunde — eins, zwei, drei ꝛc. — bezeichnet man mit jena, dwě, tři, štyri, pjeć, šěsć u. s. w.

§. 64. Wie bei den mit ншт-ь (resp. ншти) gebildeten pluralischen Eigennamen (§. 53, 4), gerade so hat sich merkwürdigerweise auch bei den Zahlwörtern von 5—12, die im Altslawischen auf ь endigen (§. 55, 2), ein Locativ Singularis auf i erhalten (vgl. §. 62, 3), der auf die Frage wann? zu welcher Stunde? gebräuchlich ist: z. B. pjeći, wosmi, dźewjeći, um 5, 8, 9 Uhr (um Hoyerswerda pjećich, wie oben §. 52, 5. Boraneccach statt -ecy). In Verbindung mit na-poł (§. 68) oder (um Budissin) k-na-poł „halb" nimmt man hier den mit dem Locativ zusammenfallenden Genitiv Plur. aus der i-Declination: z. B. (k)napoł pjeći. Zu den Zahlen von 1 bis 4 setzt man den von dem k in knapoł abhängigen Dativ: knapoł jenej, halb ein Uhr, dwěmaj, tŕom, štyrjom (um Hoyerswerda napoł jeneje, dweju, napoł tři, štyri). Hat man mit 1 bis 4 die volle Stunde anzugeben, so kommt der regelmäßige Loc. (mit w) in Anwendung: w jenej, um 1 Uhr, w dwěmaj, tŕoch, štyrjoch. — „Ein Viertel, drei Viertel auf" heißt štwórć oder gew. běrtlk, tři štwórće oder gew. tři běrtlki na mit dem Acc.: z. B. štwórć na jenu, na šěsć, ¼, ⅙; tři štwórće na dwě, na tři, na pjeć.

§. 65. Die Eintheilungszahlen werden mit Hilfe der Präposition po gewonnen: z. B. po jenym, je einer, je eins; po dwěmaj, je zwei; po šesćoch (Rationalform) und po šesćich, je sechs, zu „sechsen"; po štyri kruchach, je vier Stück; po pjeć kuskach; po stach (po tysacach). Ani po dwěmaj suknjomaj jedyn njemějće, Luk. 9, 3.

§. 66. Die Vervielfältigungszahlen sind folgende: Jednory, a, e, gewöhnlich na jene, einfach, dwoji zweifach, troji dreifach, štwory vierfach, pjećery oder pjećory u. s. w. mit ery (z. B. na dwoje, na štwore wzać, zweifach, vierfach nehmen); story hundertfach (tysacory 1000fach). — Die Unterscheidungszahlen lauten: Jednoraki, a, e, gewöhnlich wšo jeno, einerlei, dwojaki zweierlei, trojaki dreierlei, štworaki, pjećoraki u. s. w.; storaki (tysacoraki). — Die Declination ist adjectivisch (§. 71).

§. 67. Die Ordnungszahlen sind gleichfalls Adjectiva: Přěni, nja, nje, der, die, das erste, druhi, a, e, d. zweite, třeći, d. dritte, štwórty, pjaty, šesty, sedmy u. s. w.; stoty (tysacty).

§. 68. Die Halbirungszahlen, die mit pol, Hälfte, und der Ordnungszahl gebildet werden, erscheinen immer in der Form des nominalen Genitivus (auf a, §. 57): z. B. połdra (verstümmelt aus pol druh-a anderthalb), połtřeća dritthalb, połštwórta vierthalb, połpjata fünfthalb.

§. 69. Das allgemeine Zahlwort wš-ón [вьс-ь] oder wšitkón, all, πᾶς, omnis, Femin. wša, wšitka, Neutr. wšo, wšitko, hat im Gen. wšeho, wšitkeho, u. s. w.; Soc. wšěm, вьсѣмь, mit Vocalsteigerung in beiden Dialekten; Plur. wšě, wšitcy (letztere Form für masc. rationalia), wšitke; Gen. wšěch вьсѣхъ, wšitkich ꝛc.; Dat. wšěm вьсѣмъ, Soc. wšěmi вьсѣми, Loc. wšěch.

Zusammengesetzte Declination.
Die Adjectiva.

§. 70. 1. Man unterscheidet im Slawischen bestimmte und unbestimmte Adjectiva (definita und indefinita). Die uns bereits bekannten auf ъ, а, о sind indefinita, wie im Deutschen z. B. das endungslose „gut", slawisch добр-ъ. Um zum definitum zu gelangen, fügt man im Altslawischen das Pronomen и, я, ѥ (§. 59, 2) an: z. B. добр-ъ-и, dobr-ŭ-i (geschrieben добры oder meist добрый) d. h. gut + der, gut + er: der gute; добра-я, добро-ѥ. Im Wendischen geht die Lautverbindung ŭi nach §. 3, 4 regelrecht in ȳ über; aja aber und oje (jedoch eigentlich ohne den weichen Anhauch: a-a, o-e) wird in ā und ē zusammengezogen. So gelangen wir, indem das pronominale Element sich mit dem nominalen vereinigt, zu dem im Wendischen einzig gangbaren Nominativ dobry, dobra, dobre (der im Böhmischen noch die Contractionslänge gewahrt hat: dobrý, dobrá, dobré). Stellen wir ferner den nominalen und pronominalen Genitiv добра und ѥго (eigentlich его) neben einander, indem wir zugleich noch das е dem vorangehenden а assimiliren, so erhalten wir die offene Form добра-аго (was wendisch dobra-aho oder vielleicht dobra-eho lauten würde), die sich leicht in добраго contrahiren läßt, was denn im Wendischen auch immer geschieht: (dobra-eho) dobreho (böhmisch noch mit dem Zeichen der Länge: dobrého). Die übrigen Casus dann haben sich natürlich auf dieselbe Weise gebildet. Hiermit aber ist der Ursprung der zusammengesetzten Declination aufgeklärt. (In der Schreibung добрый ist das eine i meiner Ansicht nach als der weiche Anhauch zu fassen, so daß ursprünglich добръ-ји zu trennen wäre: woraus nachher dobrŭi-i und zuletzt dobrŭij hervorging.)

2. Mehrere Pronomina, z. B. kotry, kóždy, haben sich der adjectivischen Form angeschlossen.

§. 71. Wie beim nomen substantivum und pronomen, so haben wir auch beim nomen adjectivum harte und weiche Stämme zu unterscheiden. Als Beispiele nehmen wir dobry, dobra, dobre, gut, und tuni, tunja, tunje, wohlfeil.

a.
Singular.

Nomin.	добрый dobry	добрая dobra	доброе dobre
Genitiv	добраго dobreho	добрыя dobreje	добраго dobreho
Dativ	доброуоүмоү dobremu	добрѣй dobrej	доброуоүмоү dobremu
Accusativ	добрый dobry (dobreho)	добрѫѭ dobru	доброе dobre
Vocativ	добрый dobry	добрая dobra	доброе dobre
Sociativ	добрыимь dobrym	доброѭ dobreju, dobrej	добрыимь dobrym
Locativ	добрѣѣмь dobrom, dobrym	добрѣй dobrej	добрѣѣмь dobrom, dobrym

Dual.

Nom. Voc.	добрая dobraj, dobrej	добрѣи dobrej, dobri	добрѣи dobrej, dobri
Genitiv	доброую dobreju	доброую dobreju	доброую dobreju
Dat. Soc.	добрыима dobrymaj	добрыима dobrymaj	добрыима dobrymaj
Accusativ	добрая dobrej (dobreju)	добрѣи dobrej, dobri	добрѣи dobrej, dobri
Locativ	доброую dobrymaj	доброую dobrymaj	доброую dobrymaj

Plural.

Nomin.	добрии dobri, dobre	добрыя dobre	добрая dobre
Genitiv	добрыихъ dobrych	добрыихъ dobrych	добрыихъ dobrych
Dativ	добрыимъ dobrym	добрыимъ dobrym	добрыимъ dobrym
Accusativ	добрыя dobre (dobrych)	добрыя dobre	добрая dobre

Vocativ	добри dobri, dobre	добрыя dobre	добрая dobre
Sociativ	добрыми dobrymi	добрыми dobrymi	добрыми dobrymi
Locativ	добрыхъ dobrych	добрыхъ dobrych	добрыхъ dobrych

b.
Singular.

Nom. Voc.	Tuni	tunja	tunje
Genitiv	tunjeho	tunjeje	tunjeho
Dativ	tunjemu	tunjej	tunjemu
Accusativ	tuni (tunjeho)	tunju	tunje
Sociativ	tunim	tunjeju, tunjej	tunim
Locativ	tunjom, tunim	tunjej	tunjom, tunim

Dual.

Nom. Voc.	tunjej*	tunjej, tuni	tunjej, tuni
Genitiv	tunjeju	tunjeju	tunjeju
D. S. L.	tunimaj	tunimaj	tunimaj
Accusativ	tunjej (tunjeju)	tunjej, tuni	tunjej, tuni

Plural.

Nom. Voc.	tuni, tunje	tunje	tunje
Genitiv	tunich	tunich	tunich
Dativ	tunim	tunim	tunim
Accusativ	tunje (tunich)	tunje	tunje
Sociativ	tunimi	tunimi	tunimi
Locativ	tunich	tunich	tunich

Ueber die Nebenformen dobroho, tunjoho, über den Accusativ dobreho u. s. w.: §. 59. Bemerk. 1 ff.

Bemerkungen zur Declination der Adjectiva.

§. 72. 1. Die Stämme auf h, k, ch erhöhen das y und e zu i und é nach §. 11: z. B. suchi, wulki, Gen. sucheho,

* Diese Form geht aus tunjaj hervor nach §. 22.

wulkeho (spr. suchjeho, wulkjeho, §. 3, 5. *a.*). — Vor dem dualischen und pluralischen i erleiden die Gutturalen h und k den bekannten Uebergang in den Zischlaut (§. 13), der dann wieder (§. 9) die Präjotirung des i absorbirt (so daß y daraus wird): z. B. nahi, wulki Dual und Plural (nazi, wulc-i:) nazy, wulcy; das ch dagegen verwandelt sich in den Spiranten š: z. B. suchi — Dual Plural (susi:) suši (§. 13, 1).

2. Die Stämme auf d, t lassen vor i den weichen Zischlaut dź, ć eintreten (§. 8, 2): z. B. młody, bohaty — młodźi, bohaći.

3. Das Pronomen kotry, kotryž läßt r vor i in ř übergehen (§. 6, 12): kotři? welche? ći kotřiž, diejenigen welche.

4. Die Stämme mit einem stets weichen Charakter bedürfen das Zeichen der Präjotirung nicht: z. B. knjeźi — Gen. knježeho (nicht kneźjcho), Fem. kneźa, u. s. w.

5. Die Zischlautstämme, die mehr oder weniger zu den weichen gehören (vgl. §. 35), werden im Wendischen gar nicht declinirt*: bosy [бось = босъ], z. B. z bosy nohomaj; kozy [козий] in dem botanischen kozy broda (d. i. kozaca broda); ebenso ryzy [рыждь], z. B. na ryzy konja.

6. Rad (ohne a, o) und rady, a, e, freudig, willig, gern, kommt in allen Nominativen vor, wird aber im Uebrigen nach Art eines Adverbiums gebraucht (wobei das Masc. rady bisweilen für alle Geschlechter auftritt): z. B. ja tam rad (rady) du; wona tam rada dźěše; wonaj tam radaj (auch rad) khodźitaj; što byšće wy radźi (auch rad)? was möchten Sie gern? d. i. was wünschen Sie? — Dasselbe gilt von dem Comparativ radši „lieber", der jedoch nur noch in dieser Form zur Anwendung gelangt.

Comparation. Adverbium.

§. 73. Den Comparativ bilden im Altslawischen die Endungen 1. нй (oder auch ьши), Fem. ьши, Neutr. ѥ, gew. (definit.)

* Anders ist es z. B. mit howjazy, ćelacy u. ä., weil diese auf ein noch im Sprachgefühl lebendes d, t zurückweisen (hier howjado, ćelata v. ćelo): Gen. howjazeho, ćelaceho, u. s. w.

кю, und 2. ѣй, Fem. ѣйши, Neutr. ѣе: з. B. 1. болий больши болѥ (wend. bóle „mehr": §. 79, 2), größer; низ-ък-ъ niz-ki — нижний; 2. ꙗсн-ъ jasny — ꙗснѣй ꙗснѣйши ꙗснѣѥ, heller; льг-ък-ъ lóhki — льжѣй oder, indem der Spirant die Präjotirung an sich zieht, льжай. Im Wendischen erscheinen (mit Verlust des masculinischen ий) beim Comparativ die Endungen 1. ši (statt ъši), Fem. wieder ši* oder (nach Analogie der sonstigen Feminina) auch ša, Neutr. šc: z. B. młod-y, blědy, khudy, bohaty, twerdy, rady, tołsty, słaby, luby, stary und alle mit dem Suffix k-i oder ok-i [ък-ъ], wie ćeńki, ćežki, daloki, hładki, hłuboki, krótki, rědki, słódki, šěroki, židki, mjehki (statt mjek-ki), — Comp. młód-ši .... radši (§. 72, 6), tołši (statt tołst-ši), słabši, starši, ćeńši, ćežši, dalši, hłubši, słódši, šěrši, židši, mjekši (Pf. 55, 22), — und 2. am häufigsten iši (d. i. ѣйши), Fem. wieder iši (oder iša), Neutr. išc — eventuell mit den erforderlichen Verwandlungen —: z. B. jasn-y, dźiw-i, hordy, prosty, dokonjany — jasniši, dźiwiši, hordźiši, prosćiši, dokonjeniši. (Vgl. den folgenden §.)

Anmerkung 1. Bei der flüchtigen Aussprache stößt man in manchen Comparativen das anlautende i aus, als wäre es identisch mit dem ь der ersteren Form: bes. in hłupiši, ćmowiši, tuniši, rjeniši (v. rjan-y).

Anmerkung 2. Cuzy und horcy haben des Zischlautes wegen cuzyši und horcyši (§. 9, 2 b.).

§. 74. Bei der zuerst angeführten Endung ši übt das einstmalige flüchtige i (ьши, iši) auf die Gutturalstämme mit Einschluß derer auf ł den bekannten verwandelnden Einfluß aus: droh-i — dróžši (aus drož-iši), such-i, ćich-i — sušši (aus sušiši), ćižši, lóh-k-i — lóžši (aus lóž-iši); běl-y, wjesel-y — bělši (běliši Klagl. Jer. 4, 7), wjeselši. Hierher gehören im Wendischen auch niz-k-i und wys-ok-i —

* Die Form auf ši ist nur in manchen Gegenden noch gebräuchlich (um Hoyerswerda z. B. gar nicht mehr). Ein schriftliches Beispiel findet man u. a. Klagl. Jer. 4, 6: bjezbóžnosć je wjetši.

Comp. nižši und wyšši (aus nižiši und wyšiši). — Dołhi hat (vom Stamme dł: vgl. дл-ина) mit Vocalsteigerung dlěši, um Hoyerswerda (vom Adv. dlej aus) dlejši.

§. 75. Einige Adjectiva entlehnen den Comparativ einem andern Stamm: 1. dobry — lěpši (von lep-y, passend, hübsch, geschickt), лѣп-л-ꙗй; 2. zły — hórši schlimmer, ärger (von hór-k-i, bitter: wovon der Comp. in der eigentlichen Bedeutung hórč-iši [vgl. горъку-ꙗй] lautet, oder bóle hórki), горий горьшн; 3. wulki (oder wilki), — wjetši, niederlaus. wětšy (letzteres weist mit Nothwendigkeit auf wjęt-ši zurück; polnisch więk-szy), влштнй; 4. mały — mjen-ši, мьн-нй min-or. (Vgl. die Comp. derselben Wörter im Latein. und Griech.)

Anmerkung. Moje, twoje lěpše bedeutet auch „mein, dein Bestes"; k lěpšemu měć „zum Besten haben".

§. 76. Den Superlativ bildet man, indem man dem Comparativ die Silbe naj (verderbt nej) vorsetzt: młódši, jasniši, lěpši — najmłódši, najjasniši, najlěpši.

§. 77. 1. Das Adverbium endigt im Positiv auf ě [ъ], wobei zugleich die etwa erforderlichen Veränderungen eintreten: z. B. jasny, hordy,˙cyły, rjany — jasnje, hordźe, cyle, rjenje. *

2. Von den Adjectiven auf k-i verwendet man das alte Neutrum auf o oder auch den Genitiv desselben als Adverbium: z. B. blizko, daloko; z blizka, z daloka. Manche haben o und ě zugleich, welches letztere den Consonantenübergang bewirkt und dabei seine Präjotirung verliert (um Budissin wie y gesprochen): mjehko, wuzko, ćežko, und mjehce, wuzce, ćežce; z ćežka „schwerlich"; słódko und gewöhnlich słódce; wysoko und [mehr in übertragener Bedeutung] wysoce, высоцѣ, z wysoka; ćicho (still, auch: leise), z ćicha, und ćiše (schweigend), z nowa. Wulki hat nur wulce „sehr": z. B. wulce wučeny. Von horcy und cuzy bildet man horco, cuzo.

§. 78. Unregelmäßig sind dobry — derje (statt debrje [vgl. den Vocalwechsel im lateinischen bonus und bene]), und zły — zlě, mit Vocalsteigerung (weil einsilbig).

* Im Budissiner Dialekt wird die Endung ě wie i ausgesprochen: §. 3, 5 b.

§. 79. 1. Im Comparativ dient — wie im Lateinischen und Griechischen — das Neutrum als Adverbium, nur daß hierbei das e von še oder iše der Steigerung zu o unterliegt: z. B. Neutr. twerdše, lubše, jasniše, hordźiše, rjeniše — Adverb twerdšo, lubšo, jasnišo, hordźišo, rjenišo.

2. *a.* In einigen Fällen hat sich von dem alten adjectivischen Comparativ auf нй, ьшн, ѥ oder ѥѥ (§. 73 zu Anf.) als einziger Ueberrest das Neutrum auf e als Adverbium erhalten: niz-ki, bliz-ki, dal-oki, hłub-oki, wys-oki — Comparativ (nižij, nižši, niže) im Adv. niže [ниже], bliže, dale, hłubje, wyše.* Hierher gehören auch lěpje, hórje, mjenje und mit Vocalsteigerung zažo.

b. Im Hoyerswerdaer Dialekt gehen alle Adverbien von dem alten Neutrum auf ѥѥ aus und endigen hier auf éj (st. éje): z. B. nižej, dalej, hłubjej, lubjej, krućej, jasnjej, lěpjej, hórjej, mjenjej, zažej.

Anmerkung. Die Comparativendung é wird im Budißiner Dialekt nicht zu i erhöht, weil dieselbe hier nicht auf ѣ sondern auf e basirt.

§. 80. Die Adverbia derje, zlě, mało [мало, ein Kleines], wjele [велиѥ, ein Großes, v. велнй: woraus wil-k-i, wul-k-i], jara, jaro [v. ѩр-ъ, heftig, hitzig], „sehr", erhalten den Comp. von anderen Stämmen (§. 75): lěpje, hórje, wjace** [вѧще], bóle** (§. 73 z. A.). Dołho hat (§. 73) dlěje [gleichsam N. длѥѥ], um Hoyerswerda dlej. (Eine Form dlěhe würde gegen alle Analogie sein.)

§. 81. Den Superlativ der Adverbia bildet man durch Vorsetzung der Silbe naj: z. B. jasnišo — najjasnišo, hłubje — najhłubje; najniže, najwyše, najwjace, najbóle.

* Nicht mit zwei š, weil an den Stamm wys nur é (nicht iše) angehängt ist. (Ebenso po-wyš-ić.)

** Wjace und bóle, „mehr", unterscheiden sich wie im Lateinischen plus und magis.

Conjugation.

§. 82. Das Verbum, Zeit- oder Handelwort, hat im Wendischen wie im Altslawischen folgende theils einfache theils zusammengesetzte tempora, Zeitformen, denen wir der Uebersichtlichkeit wegen hier gleich immer ein Beispiel beifügen: Präsens (vom Inf. pal-i-ć, brennen) palu, auch palim, Imperf. palach, Perf. und Plusqpf. sym und běch palił, Fut. budu palić, Fut. ex. бѫдѫ палилъ budu palił (§. 93), Aoristpräteritum палихъ, im Wendischen meist nur in Zusammensetzungen (§. 98, 2), wie s-palich.

§. 83. Die Modi, Redeweisen, sind der Indicativus (z. B. palu), der Imperativus (pal), der Subjunctivus oder Conditionalis, der durch Zusammensetzung mit dem verbum substantivum bych oder budžech gebildet wird (bych palił, ich würde brennen, urerem; budžech palił, ich würde gebrannt haben, ussissem).

Anmerkung. Der Imperativ ist eigentlich Optativus, der im Wendischen eben so gut wie im Griechischen (οι, αι, d. i. o-ι, α-ι) den Charakterlaut i zeigt, wenn derselbe auch nur in einsilbigen Formen sich unverändert erhalten hat: z. B. dźi, dawaj d. i. dawa-i, pal st. pali-i.

§. 84. *a.* Nominale Verbalformen sind das Substantivum verbale (z. B. palenje), der Infinitivus (palić), der bisher meistens als Modus betrachtet wurde, — das Supinum (palit), das jedoch im Oberlausitzer Dialekt durch den Inf. mit vertreten wird (z. B. niederlauf. spat hyś, съпатъ ити, oberl. spać hić) — und die Participia, die im Wendischen zum Theil indeclinabel erscheinen:

1. Partic. Präs. activi палѧ und definit палѧй [Stamm палѧт-ь, Gen. палѧшта, палѧштааго], wendisch palo (indecl.) und palaty oder gew. palacy (d. i. palac-i), a, e, Gen. eho, eje u. s. w.;

2. Part. Präteriti act. паливъ und def. паливый [Stamm паливъс-ь, Gen. паливъша und -въшааго] oder палъ [Fem. палъши], def. палый, wendisch 1. paliwši und 2. wostajši

(§. 108, 6), was in der Regel einer Abänderung nicht unterliegt (i, a, e, Gen. eho, eje);

3. Part. Perfecti act. палилъ, wendisch palił, nur in den Nominativen und zwar zur Bildung des Perf. und Plusqpf. gebraucht:* palił, a, o, Dual paliłaj, łej, li, Plur. palili, łe;

4. Part. Präs. pass. бијемъ, „geschlagen werdend", палнмъ, im Wendischen nur in einzelnen gleichsam erstarrten Formen wie widomy (widomny) „gesehen werdend" d. i. sichtbar, wědomy bewußt, swědomy kundig, znajomy bekannt; im Uebrigen ist hieraus ein allerdings nur vereinzelt vorkommendes Part. Fut. pass. hervorgegangen: z. B. wudajomy (wudajomny) edendus, zapalomy anzuzünden;

5. Part. Präter. pass. пятъ, wendisch na-pjaty, палюнъ, paleny.

b. In so fern eine Participialform indeclinabel erscheint, pflegt man dieselbe Gerundium oder Transgressiv (modus transgressivus) zu nennen: z. B. palo durch's Brennen, beim Brennen, indem er ꝛc. brennt oder brannte; paliwši nachdem er ꝛc. gebrannt hat oder hatte. Der wendischen Formbildung wegen werden wir den letzteren Ausdruck beibehalten, indem wir zugleich einen Transgressivus Präsentis (palo) und einen Präteriti (paliwši) unterscheiden.

Passivum. (Leideform.)

§. 85. 1. Während im Griechischen und Lateinischen das aus der Verbindung reflexiver Pronominalformen mit dem Verbalstamme hervorgegangene genus medium sich allmälig zu einer vollständigen passiven Conjugation weiter entwickelt hat (vgl. die pronominalen Elemente in $\lambda\acute{v}o\text{-}M\text{-}\alpha\iota$, $\lambda\acute{v}\eta$, d. i. $\lambda\acute{v}\varepsilon\alpha\iota$ oder urspr. $\lambda\acute{v}\varepsilon\text{-}\Sigma\text{-}\alpha\iota$, $\lambda\acute{v}\varepsilon\text{-}T\text{-}\alpha\iota$, d. h. ich mache mich los, du machst dich los, er macht ihn (sich) los; amo-R d. i. amo se ich liebe sich, ganz wie im Wendischen lubuju so), ist in den slawischen Sprachen die medial-passive Conjugationsbildung

* Einige Participia sind definit und als solche zu Adjectivis geworden: z. B. čiły, zbniły, zrały, swětły, wutły, Gen. -łeho; Plur. swětli u. s. w.

so zu sagen noch im Flusse befindlich, indem das Reflexivum ca, so, sich jedesmal der betreffenden Verbalform einfach beigesellt:* z. B. so hibać „sich bewegen" und „bewegt werden"; woda so wot wětra hiba, das Wasser bewegt sich vom Winde, d. h. wird vom Winde bewegt; woda je so zmućiła, das Wasser hat sich getrübt, d. h. ist getrübt worden; tudy je so kruch wottorhnył, hier hat sich ein Stück abgerissen, ist ein Stück abgerissen worden. Khudym so dawa, den Armen wird gegeben. Mi so poroki činja, mir werden Vorwürfe gemacht. Kak so to piše? wie wird das geschrieben? Wón so napomina, er wird (erinnert) ermahnt, aufgefordert. Kak so to naprawi? wie wird (kann) das eingerichtet werden? Pěknje njeje, zo so dźěćom khlěb wozmje a ćisnje so psam, Matth. 15, 26. Štó je jemu što prjedy dał, zo by so jemu zaso zapłaćiło? Röm. 11, 35.

2. Eine zweite Art der Passivbildung ist die, daß — wie z. B. im Deutschen das Hilfszeitwort werden, im Französischen être — das Verbum być [und bei wiederholter Handlung bywać] mit dem Participium Perfecti passivi (im Altslawischen auch Präsentis) einer Thätigkeitsbezeichnung verbunden wird, welcher der Begriff der Entwicklung oder der Dauer (§. 87) eigen ist: z. B. khory je njeseny, der Kranke ist ein getragener d. h. wird getragen, khory je (oder bywa) nošeny, der Kranke pflegt getragen zu werden; khory budźe njeseny, eventuell nošeny, der Kranke wird getragen werden. Ty dyrbiš .. zežrany być, a twoja krej dyrbi .. přelata być, Ezech. 21, 32. Poda so pak, zo tón khudy wumrje, a bě njeseny wot jandźelow do Abrahamowcho klina, Łuk. 16, 22. Kiž zaso njeswarješe, hdyž swarjeny bě, 1. Petr. 2, 22. — Wählt man aber das Particip der perfectiven (d. h. vollendet gedachten) Verbalthätigkeit (§. 88 f.), so kann sym und běch in der Zusammenstellung mit demselben die Handlung nur als eine abgeschlossen vorliegende bezeichnen. Betrachten wir einige Bei-

Vgl. im Deutschen Sätze wie „das trägt sich leicht" (to so lóhko njese), „ein kleines Haus erbaut sich schnell" (mała khěža so spěšnje natwari), u. ä.

špiele. Khory je njeseny, der Kranke ist, d. h. wird getragen, khori su njeseni, khori su (bywaju) nošeni: hier zeigt sich überall der Begriff der Entwicklung oder der Dauer des Thuns; man sieht aber davon gänzlich ab, wenn man den Satz etwa so anwendet: der Kranke ist hingetragen (ist nun dort), khory je donjeseny; das donjesé ist ein „hintragen", welches den Zeitbegriff des einfachen „tragen" verloren hat. Kamjeń je ćisnjeny, der Stein ist (hin)geworfen (liegt da); hólc je dyrjeny, storčeny, der Knabe hat einen Schlag, Stoß erhalten (hat nun einen Schlag, Stoß); ćisnyć, dyrić, storčić schließen die Entwicklung aus (§. 87, 2), die in ćiskać oder mjetać, bić, storkać ausgedrückt erscheint. — Twoje hrěchi su tebi wodate, Matth. 9, 2, deine Sünden sind dir vergeben. (Das Präsens würde hier heißen: hrěchi su wodawane, oder besser mit der Medialform: hrěchi so wodawaju, die Sünden werden vergeben.) Łódź bě ze žołmami přikryta, das Schiff war mit Wellen bedeckt. To bě kradnjene, das war gestohlen. Dagegen (mit bych, §. 96, 2, ich ward): Tón bohaty pak tež wumrje, a by pohrjebany „und ward begraben", Luk. 16, 22 (während bě pohrjebany bedeutet: er war [bereits] begraben). Łódź bu ze žołmami napjelnjena, das Schiff ward mit Wellen angefüllt (bě napjelnjena, war angefüllt).

Anmerkung. Da budu immer die Zukunft bezeichnet, „ich werde sein, ero, ἔσομαι", und somit nicht mit sym „ich bin" gleichbedeutend erscheint: so ist es im Wendischen nicht zulässig, das Präsens Passivi mit budu zu bilden;* denn z. B. budu lubowany, budźe spytowany, budźe wam přiwdate (Matth. 6, 33), tudy njebudźe kamjeń na kamjenju wostajeny (24, 2), heißt doch immer „ich werde ein Geliebter sein, amatus ero, d. i. ich werde geliebt werden, er wird versucht werden, es wird euch zufallen, es wird nicht bleiben." (Im Präsens muß man daher sagen: sym lubowany, je oder bywa spytowany, přidawane, přidawa so, wostaja so. Vgl. auch §. 86.)

* Wollte man z. B. den Satz budźe k wjedźonju činjeno als Präsens nehmen („es wird bekannt gemacht"), wie ließe sich dann wohl das Futurum desselben ausdrücken? Vgl Matth. 10, 22: a budźeće hidźeni; Luk. 12, 20: we tej nocy budźe twoja duša wot tebje zaso žadana; Röm. 11, 22: hewak budźeš tež ty porubany — alles regelrechte Futura.

3. Das Passivum wird endlich auch durch verba incohativa (von incohare „anfangen") ausgedrückt: z. B. skhnyć trocknen d. h. trocken werden, woslepić erblinden, wokhudnyć verarmen, wobohaćić reich werden, stuchnyć dumpfig werden, zmoknyć naß werden; zaso woźiwić (Luk. 15, 32) wieder lebendig werden (vgl. §. 109). — Dieß ist die bequemste und die gebräuchlichste Art der Passivbildung.

§. 86. Wo der Sinn es gestattet, kann man die passive Construction in die active verwandeln: z. B. das Wasser wird vom Winde bewegt, wětr wodu hiba.

§. 87. Außer den besprochenen Temporibus oder Zeitformen (§. 82) hat das Slawische auch Bezeichnungen für die Zeitdauer der Handlung ausgeprägt*. Man unterscheidet hiernach folgende vier Arten von Verbis:

1. Verba durativa, d. h. solche, welche die Verbalthätigkeit als einfach dauernd, als sich entwickelnd bezeichnen: z. B. hic gehen, eben im Gehen sein (wie: tam sotra dźe dort geht die Schwester), njesć eben tragen, wjesć wjezć eben führen fahren, duć eben blasen, brać eben nehmen, wuknyć eben lernen, wjadnyć im Welken sein, ležeć im Liegen begriffen sein, eben liegen, palić brennen, kruwarić Rinderhirt sein, wojowac im Kämpfen begriffen sein, kämpfen;

2. verba momentanea, welche die Handlung auf einen Moment beschränken: z. B. dunyć, einmal blasen, ein augenblickliches Blasen ausführen, so lehnyć sich schnell niederlegen, wzać fassen, nehmen, zhrabnyć im Augenblick packen, ćisnyć einmal werfen, třělić einen Schuß thun;

3. verba iterativa, welche die Handlung als eine wiederholte oder als eine allmälig sich entwickelnde bezeichnen: z. B. khodźić wiederholt gehen (kommen) oder das Gehen allmälig

* Vgl. im Griechischen die kurzen Formen λαβεῖν und βαλεῖν, die ganz darnach angethan sind, die geringe Dauer der Handlung auszudrücken, „einen Griff thun, einen Wurf thun, einmal greifen, werfen" — wogegen das gewichtige λαμβάνειν und βάλλειν die Ausdehnung oder Vermehrung der Verbalthätigkeit sinnreich charakterisirt, „sich mit dem Greifen, dem Werfen befassen, wiederholt nehmen, werfen."

ausführen (wie: wón k nam khodźi er kommt öfter zu uns, wón tam khodźi er geht dort auf und ab), wodźić, wozyć, nosyć wiederholt geleiten fahren tragen, das Geleiten ꝛc. all= mälig ausführen, so lěhać sich wiederholt legen, das Legen all= mälig ausführen (anders so lehnyć, unter Nr. 2), přikhadźeć wiederholt kommen, allmälig kommen, přinošeć wiederholt brin= gen, allmälig bringen, třěleć beim Schießen sein, klepać wieder= holt klopfen, klepotać klappern;

4. verba frequentativa, welche, gewöhnlich nur in Zu= sammensetzungen gebräuchlich, die Handlung als eine häufig vorkommende oder als eine in Absätzen sich entwickelnde dar= stellen: z. B. přikhadźować zu kommen pflegen, přinošować zu bringen pflegen; překapować hin und wieder tröpfeln; za= bolować immer und immer wieder zu schmerzen anfangen.

Aoristisirung der Verba.

§. 88. Während die verba durativa, die iterativa und frequentativa die Handlung als eine in der Entwicklung be= griffene bezeichnen, stellen die verba momentanea, welche die Verbalthätigkeit auf einen Moment beschränken, jede wahrnehm= bare Entwicklung ausdrücklich in Abrede: vgl. z. B. duć und dunyć. Die Sprache hat also wie für die verschiedenen Arten der Entwicklung so auch für den Begriff der Nichtentwicklung sich eine besondere Form geschaffen.

§. 89. Bei den verbis momentaneis ist die Entwicklung der Handlung durch die Natur der Sache selbst ausgeschlossen: vgl. z. B. ćisnyć und *hići*, „einen Wurf thun". Bei den anderen Arten von Verbis wird der Entwicklung wenigstens durch die Vorstellung nicht selten Einhalt gethan. Es kann nämlich die Vorstellung, indem sie von dem Vorsichgehen der Handlung absieht, die ganze Verbalthätigkeit (die bei den v. mom. auf einen Moment beschränkt ist) gleichsam auf einen Punkt zusammendrängen, und indem die Handlung so für die geistige Anschauung der zeitlichen Entwicklung verlustig geht, muß die Verbalthätigkeit — ohne daß dieselbe deßhalb etwa ein Präteri= tum wäre — der Vorstellung als eine bereits abgeschlossene (als eine im Voraus abgeschlossene) erscheinen. Während also z. B. in dem Momentaneum dunyć der Sinn liegt: „einmal blasen, so daß ich mir die Handlung als im Augenblick vollendet denke", hat z. B. das von dem iterativen mjetać gebildete zmjetać die Bedeutung: „Alles hin werfen, so daß ich nicht das allmälige Vorsichgehen des iterativen Werfens mir denken, sondern daß das iterative Werfen meiner Vorstellung als etwas bereits Abgeschlossenes vorschwebt — ohne daß es jedoch Präteritum wäre": z. B. chcu to tam zmjetać, ich will dieses Alles dahin werfen (also Zukunft). Die eine der beiden aufgestellten Thätigkeiten ist im Moment abgeschlossen: Anfang und Ende fallen wirklich zusammen; bei der anderen werden Anfang, Fortgang und Ende nicht unterschieden: sie erscheint der Vorstellung vollendet. Wir sehen hiernach Handlungen theils in momentaner theils in concentrirter Gestalt.

So — indem die Verbalthätigkeit ohne Entwicklung erscheint — gelangen wir zum Begriffe des Aoristus, sei es daß die Handlung von Hause aus momentan ist, oder daß die Vorstellung für einen einzelnen Fall die Entwicklung negirt. Dieß ist nach meiner Ueberzeugung der Begriff des Aoristus. — Der Aorist von duć und von mjetać heißt also dunyć und zmjetać.

Anmerkung. Die aoristischen Verba nennt man auch perfectiva, denen die anderen als imperfectiva gegenüber gestellt werden („vollendete" — „unvollendete" Handlung).

§. 90. 1. Wie im Griechischen, so hat man auch im Wendischen einen doppelten Aoristus. *a.* Den einen bilden im Wendischen die verba momentanea, die im Infinitiv größtentheils auf nyć (und ić) endigen: z. B. ćisnyć, βαλεῖν, einen Wurf thun, rjec (rjeknuć Matth. 7, 4; vgl. 22), εἰπεῖν, einen Ausspruch thun, etwas sagen, třělić, einen Schuß thun. Das nennen wir den Momentanaorist. — *b.* Die andere Art des Aoristus erhält man im Wendischen dadurch, daß man dem Inf. eine dem Sinne entsprechende Präposition vorsetzt, wovon man ihn als den präpositionalen bezeichnen kann: z. B. byc sein — Aor. pobyć einmal sein, das Sein abmachen (wie wón je tam zlě pobył, er ist dort übel angekommen); so dźiwać ϑαυμάζειν sich wundern — so spodźiwać ϑαυμάσαι in Verwunderung gerathen; činić ποιεῖν machen — sčinić ποιῆσαι (fertig) machen, conficere; hić gehen — přińć (d. i. při, und ić = hić: herangehen) herantreten, das Kommen vollziehen, (im einzelnen Falle) kommen [also nicht dauernd]; palić brennen — spalić, zapalić, přepalić, ver=, an=, durch= brennen.

2. Hier (unter *b*) und in allen Fällen des präpositionalen Aoristus wird der Begriff der zeitlichen Entwicklung von der Vorstellung zurückgewiesen; die Handlung ist gleichsam auf einen Punkt (auf das eine Mal) zusammengedrängt (vgl. oben spalić, zapalić u. s. w.). Wo aber der Begriff der Entwicklung nicht verneint werden soll, muß man sich eines nicht=aoristisirten Verbums aus der fünften und sechsten Conjugationsform be= dienen: z. B. zapaleć, zapalować, přinošeć, přinošować, beim Anbrennen, Herbeibringen verweilen ꝛc. In diesen zwei Klassen nämlich wird die Handlung, sobald der Ausdruck auf eine ur= sprünglichere Form zurückgeht, erst durch Vorsetzung von ze concentrirt: z. B. zezapaleć, zezapalować, spřinošeć, spřinošo= wać (Grundform: njesć [nosyć] und palić). Gehört jedoch ein Verbum gleich von Hause aus der fünften oder sechsten Bil= dung an, so wird die Zeitdauer schon durch eine Präposition umschränkt: z. B. mjetać, pisać, hladać, kupować, wojować — wumjetać, napisać, pohladać, nakupować, powojo= wać. Will man hier die Entwicklung der Verbalthätigkeit nicht ausschließen, so versetzt man die Zeitwörter der fünften Form in die sechste, und die der sechsten befreit man von der con= centrirenden Präposition: z. B. wumjetować, napisować, po= hladować, kupować, wojować.

3. In den wenigen Fällen, in denen der Inhalt der Prä= position dem Sprachgefühle entschwunden ist, wird das Com= positum (in dieser Bedeutung!) nicht als Aoristus behandelt, wenn nicht etwa schon das Simplex der Zeitbeschränkung unter= liegt. Es dürften etwa folgende sein: Po-mnić [по-мьн-ѣти, me-min-isse; dav. па-мать §. 5, 2, pomjatk], eingedenk sein,

napominać ermahnen, spominać öfter an etwas gedenken, erwähnen; po-słuchać (das Simplex słuchać „darauf hören" ist im Oberl. veraltet) ge=horchen, so zradować in Wonne sein, welche alle niemals als Aoriste erscheinen (vgl. §. 92); ferner: wob-sedźeć be=sitzen, so za-ležeć ob=liegen (aber wobsedźeć „sich sitzend erhalten" z. B. auf dem Pferde, sebi zaležeć „es verschlafen" u. a. Comp. sind aoristisch), so wu-stać sich auf etwas ver=stehen (z. B. Luk. 12, 56; aber wustać „ausstehen" Aor.); za-widźeć in-videre mißgönnen (aber zawidźeć „anfangen zu sehen" Aor.); so na-dźeć hoffen (aber „genug träumen" Aor.); wu-činić und wu-njesć ausmachen, betragen (aber „auswirken, hinaustragen" Aor.); po-kupować auftaufen, von pokup (aber von kupować: „eine Zeit lang kaufen" Aor.); předawać wiederholt verkaufen, beim Verkaufen sein, feil haben, von dem aoristischen (dać, δοῦναι) pře-dać: hingeben, ἀποδοῦναι, verkaufen. (Die Zusammensetzungen von předawać — wie rozpředawać, wupředawać — werden, da předawać auf předać zurückgeht, nach Nr. 2 erst mit der Präp. z zu Aoristen: zrozpředawać, zwupředawać.)

Anmerkung 1. *a.* Im großen Ganzen fallen, wie mir scheint, der griechische stammhafte Aorist (der so gen. Aor. II.) und das slawische verbum momentaneum dem Inhalte nach zusammen, wenn man auch unter Umständen erst die ursprüngliche (mom.) Bedeutung heraussuchen muß: z. B. *σχεῖν* cisnyć; *ἐπχεῖν* zunächst nicht tragen sondern „auf sich nehmen"; *ἰδεῖν*, eigentlich *Fιδεῖν*, „erblicken" (abweichend vom wendischen widźeć „sehen"). Doch sind im Slawischen die Momentanaoriste häufiger als im Griechischen. — *b.* Dem sigmatischen Aoristus der Griechen entspricht im Slawischen der präpositionale. Die griech. Verba dieser Art konnten so wenig wie die slawischen einen Momentanaorist brauchen, da eben ihr Inhalt, ihre Dauerthätigkeit, dem widerstrebt: z. B. spalić verbrennen, *καίω*. Der Grund der Formation mit *σ* ist kein äußerer, kein Nothbehelf; denn wo der Sinn einen A. II. möglich oder nothwendig machte, hat die Sprache ihn sogar den verbis puris abzugewinnen gewußt: z. B. *στυγέω* — *ἔστυγον* (Hom. Od. X 113: *κατὰ δ' ἔστυγον αὐτήν*, nicht „sie fürchteten sich", sondern „sie erschraken, entsetzten sich"). — Die erste Art Aoriste also charakterisiren die momentane, die letztere die concentrirte Verbalthätigkeit.

Anmerkung 2. Der Aorist hat nach meiner Ueberzeugung im Griechischen eben so wenig wie im Slawischen von Hause aus

präteritale Bedeutung, da seine naturwüchsige Function, wie wir
gesehen haben, eine ganz andere ist, nämlich die, eine Handlung zu
momentanisiren oder zu concentriren. Erst im Modus der Wirklich-
keit, im Indicativ, mit welchem die Vorstellung die momentane oder
concentrirte Thätigkeit auf das Gebiet des Factischen versetzt, kann
und eventuell muß der Aorist — im Griechischen sowohl wie im
Slawischen — zugleich mit den historischen Endungen auch die
präteritale Bedeutung annehmen: z. B. ἔκαυσα, spali-ch. Vom
Indicativ aus nun ist — und der logische Inhalt der momentanen
so wie der concentrirten Handlung widerstrebte dem durchaus nicht!
— im Griechischen die präteritale Bedeutung auf andere Formen
des Aoristus mit übertragen worden, zunächst jedenfalls nur in
obliquen Satzverhältnissen wie ἔφη λαβεῖν, was aus dem historischen
Indicativ ἔφη ἔλαβον oder aus ἔφη ὅτι ἔλαβεν hervorgeht.*
Diese Art Aoristus wollen wir den historischen oder das Aoristpräteritum („AP.") nennen. — Werfen wir hierbei zur Begründung
unserer Anschauung zugleich noch einen Blick auf das griechische
Präsens und Imperfectum. Letzteres, ein Sproß des ersteren, wird,
wo nicht die historische Form des Thatsächlichen erforderlich ist
(Indicativ), durch die Modi des ersteren mit vertreten: z. B. οἱ
στρατιῶται ἔφασαν αὐτοὺς πάλαι ταῦτ' εἰδότας κρύπτειν, Xen.
An. I. 4, 12, d. i. ἔφασαν πάλαι ταῦτ' εἰδότες ἐκρύπτετε (ἐκρυπ-
τον). Es kommt nun niemand in den Sinn, das Präsens für ein
Präteritum zu halten, obwohl nicht nur das historische Imperfect
(im Indicativ) daraus hervorgeht, sondern die übrigen Formen desselben geradezu durch das Präsens vertreten werden. Ganz eben so
steht es mit dem Aorist. Der eigentliche Aorist — so zu sagen
eine Art concentrirtes Präsens, dessen (unhistorischer) Indicativ
[§. 91, 1] nicht wohl vorkommen kann — ist gleich dem Präsens
kein Präteritum; erst die historische Form desselben, der Indicativ,
wird (vgl. Präsens und Imperfect) zum Präteritum: und wie
das Präsens in gewissen Fällen nebenbei als Präteritum erscheint,
so nimmt nur nebenbei auch der Aorist in den außerindicativischen
Formen die Bedeutung der Vergangenheit an. Ist nun aber der
Aorist weder im Griechischen noch im Slawischen ein eigentliches
Präteritum, so kann derselbe, obschon man es gegenwärtig wohl allgemein annimmt, nicht mit dem sansfr. asam (àsam) = eram**

* Wenn es ohne Anlehnung an einen Indicativ Aoristi in den Modis kein Aoristpräteritum giebt, so erklärt sich sofort auch die bekannte
Thatsache, daß der Imperativ Aoristi niemals als Präteritum erscheint.

** Eram nach lateinischen Lautgesetzen statt esam, von der
Wurzel es (in es-se), sansfr. as. Ebenso geht ἦν oder ἔην [d. i.
ἔσην statt esam] auf ἐσ (vgl. ἐσ-τί) zurück.

zusammengesetzt sein (z. B. Stamm ποι — Aor. a-poicsam, ἐποίησα, wendisch s-čini-ch [angeblich statt s-čini-s]). Von dieser Erklärung dürfte man also absehen müssen.

Anmerkung 3. Von dem Momentan- und dem sigmatischen Aoristus ganz verschieden ist die bekannte griechische Formation mit x, die uns in ἔδωκα, ἔθηκα und ἧκα erhalten vorliegt (vgl. §. 97 Anmerk.). Letztere, in ihrem Ursprunge mit dem perfectischen κα (d. i. k-am) identisch, fällt lautlich offenbar mit der slawischen auf x (хъ, d. i. cham) zusammen. Das κ ist jedoch ebenso wenig wie das x ein Merkmal für den Begriff des Aoristus (der nach unserer obigen Darstellung im Griechischen und Slawischen theils durch das Momentanverbum, theils durch σ und bezüglich des Slawischen durch Beifügung der Präposition gewonnen wird); der fragliche Kehllaut enthält vielmehr den Begriff der Vergangenheit im Gegensatze zur Gegenwart. Aus diesem Zeichen oder Kennlaute der Vergangenheit im Allgemeinen hat sich dann im Griechischen allmälig das specifische Perfectum und Plusqpf. herausentwickelt, im Slawischen aber das einfache oder beziehungslose Präteritum (der erzählenden Form) oder das Aoristpräteritum nebst dem Imperfectum (welches letztere in seiner Vocalerweiterung — vgl. §. 92 — jenem gegenüber das Symbol der Dauer der Verbalthätigkeit enthält), in der Art, daß das präteritale x den im verbum momentaneum enthaltenen Aoristus (der ja als solcher kein Präteritum ist) zum Präteritum umgestaltet (z. B. доунѫ-хъ duny-ch) und im Altslawischen — vgl. im Lateinischen das historische Perfectum — auch jedes andere Verbum, ohne ihm die Bedeutung der concentrirten Handlung zu verleihen, in die Vergangenheit hinüber versetzt (z. B. илли-хъ), — während im Wendischen der Ausdruck für die dauernde Thätigkeit erst durch eine Präposition zum Aorist geworden sein muß, ehe dasselbe den Charakter des Aoristprät. (x) annehmen kann: so daß also auch in letzterem Falle das Wendische ein wirkliches AP., das Altslawische aber nur ein historisches Tempus darbietet. — Es ist übrigens ebenso erklärlich wie charakteristisch, daß die „Aoriste" auf κα und хъ als Bezeichnungen der bereits vollendeten Handlung beiderseits keine weiteren Modi hervorgebracht haben.

Futurum.

§. 91. 1. Da die momentane und die concentrirt gedachte Handlung als solche keiner Entwicklung unterliegt, so kann der Indicativ derjenigen Verba, die zu Aoristen geworden sind, nicht die Bedeutung des Präsens haben, weil dieses ja eben der Entwicklung zum Ausdruck dient. Der präsentisch gebildete Indicativ

solcher Verba muß demnach auch in den Aorist übertreten; es heißt also z. B. ćisnu, sćinju, zinjetam ich besorge das momentane Hinwerfen, das Fertigmachen, das Iterativwerfen — aber nicht jetzt (denn dazu müßte man ein Präsens haben: ćiskam, ćinju, mjetam), sondern irgend einmal: das aber kann nur
1. entweder eine unbestimmte Wiederholung (manchmal) oder
2. eine Vollendung in der Zukunft bezeichnen. So bedeutet z. B. wón rad k nam přińdźe („er kommt gern zu uns") 1. so viel als „er kommt irgend einmal (manchmal) zu uns und zwar gern"; oder 2. „er wird einmal (ein einzelnes Mal: in dem in Frage stehenden Falle ꝛc.) gern zu uns kommen"; kotřiž we wowčej drasće k wam přińdu, Matth. 7, 15, „die in Schaafskleidern zu euch kommen" irgend wann; die Worte könnten an sich auch heißen: „die irgend einmal (d. i. künftig) zu euch kommen, d. h. kommen werden" (vgl. Pf. 46, 10; Matth. 9, 17; 10, 32 f.; Jac. 2, 10*); ferner: hdyž wón k nam přińdźe, so zwjeselu, „sobald er irgend einmal zu uns kommt, gerathe ich in Freude, d. i. 1. „so oft er kommt, da freue ich mich", und 2. „wenn er einmal kommen wird, dann werde ich mich freuen." In diesen Beispielen ist nicht gesagt, daß das Kommen jetzt, in dem Augenblicke des Sprechens, vor sich gehe: und darum ist der Aorist richtig angewendet. Wenn man die eben vor sich gehende Thätigkeit des Kommens im Sinne hätte, müßte man auch hier natürlich das Präsens gebrauchen: z. B. wón wjesely k nam dźe oder (wenn man die allmälige Ausführung der Handlung kennzeichnen will) přikhadźa, „er kommt eben jetzt fröhlich zu uns, er führt fröhlich das Kommen aus"; gerade so: kotřiž we wowčej drasće k wam dźeja, eventuell přikhadźeja (böhm. přicházejí, poln. przychodzą, wogegen das Serbische gleich dem Wendischen den Aorist bietet: коjи долазе к вама); wjeselu so, dokelž wón k nam dźe, eventuell khodźi, ich freue mich jetzt (indem ich spreche) weil er zu uns kommt, wiederholt kommt. Dieß also ist der Unterschied der präsentischen und der aoristischen Verbalform; jene besagt, daß

* Wón zjewi wšitko kralej, 2. Kön. 6, 12: er offenbart (sagt) irgend wann, d. i. er pflegt zu offenbaren.

die Handlung eben in der Entwicklung begriffen sei; die letztere bezeichnet, daß dieselbe irgend einmal, irgendwann, vielleicht sogar in der Zukunft, zur Erscheinung komme (kommen könne, kommen werde). Aus der letzteren Form erwächst denn, wie wir gesehen haben, das so genannte slawische oder einfache Futurum.

2. *a.* Es liegt in der Natur der Sache, daß das **einfache** Futurum allen aoristischen (perfectischen) Verbis eigen ist, wogegen die verba imperfectiva einer besondern Ausdrucksweise bedürfen, die gegenwärtig meistentheils durch **Zusammenstellung** von budu und dem Infinitivus gewonnen wird. Das Altslawische, wo diese unorganische Verbindung (denn was heißt z. B. budu palić wohl wörtlich?) sich noch nicht vorfindet, verwendet zu gleichem Zwecke die Verba имѣти mĕć, haben, на-ѧти na-čeć d. i. po-ćeć, anfangen, und хотѣти chcyć, wollen,* — während es, was begrifflich ganz richtig ist, mit der Form бѫдѫ (budu) das Futurum exactum bildet: z. B. бѫдѫ палилъ, κεκαυκὼς ἔσομαι. Aus letzterem nun dürfte durch Verderbung das mit budu zusammengesetzte Futurum hervorgegangen sein, wie denn im Polnischen beide Formen ohne Unterschied der Bedeutung thatsächlich neben einander bestehen (palił będę und będę palić). — Vergleichen wir noch einige Beispiele von beiden Arten. Wohladam, přinjesu bedeuten zunächst: ich erblicke, bringe irgend wann (nur nicht jetzt), manchmal; sodann auf die Zukunft bezogen: ich werde erblicken, in dem betreffenden einzelnen Falle bringen [aber nicht dauernd: budu nosyć, přinošeć]; andererseits budu hladać, budu widźeć, ich werde schauen, sehen (durativ). Poběhnu, poćahnu, poćěrju, pojědu, poleću, polězu, póńdu, ponjesu, powjedu, powjezu, ich werde im vorliegenden Falle [aber nicht mit dauernder Verbalthätigkeit] hinlaufen (einen Lauf abmachen), ziehen,

---

* Gerade so im Wendischen Röm. 7, 24: štó chce mje wumóc? „wer wird mich erlösen?" serbisch: ко ће ме избавити? 3. Johann. B. 14: nadźiju so pak, zo chcu će skoro widźeć, und serbisch (hier im 12. Verse): јер се надам да ћу доћи к вама, „ich hoffe aber dich bald zu sehen".

treiben, fahren, fliegen (einen Flug ausführen), kriechen, gehen, tragen, führen, fuhrwerken, změju ich (werde erhalten, halten) werde haben; dagegen: budu běhać, ćahać, honić, jězdźić, lětać, łazyć, khodźić (přikhadźeć), nosyć, wodźić, wozyć, ich werde in dauernder Weise laufen u. s. w.; ebenso palu, zapalam, zapaluju — Futurum budu palić, b. zapaleć, b. zapalować, u. s. w. u. s. w.

b. Wie die durativa, so können auch die iterativa und frequentiva ihrem zeitlichen Umfange nach von der Vorstellung auf ein Minimum reducirt und zu präpositionalen Aoristen umgestaltet werden, so daß auch sie die Bedeutung des „irgendwann (manchmal)" oder nicht minder die der Zukunft annehmen: z. B. zezapaleć, zezapalować, roztorhać, zroztorhować, spowaleć, spowalować (Aor.) — zezapalam, zezapaluju, roztorham, zroztorhuju, spowalam, spowaluju, ich zünde irgend wann wiederholt oder allmälig an, c., oder: ich werde Alles wiederholt oder allmälig anzünden, c.

c. Bei allen aoristisch gewordenen Verbis ist ein Futurum mit budu unzulässig. Man sage also — obgleich dagegen gefehlt wird — z. B. nicht budu spowaleć, sondern spowalam; nicht budu ćisnyć, położić, přińć, sondern ćisnu, położu, přińdu. (Das Präsens aber lautet: powalam, ćiskam oder mjetam, kładu, du oder přikhadźam.) Das Wendische unterscheidet sich hier wesentlich von der geläufigen deutschen Ausdrucksweise.

Anmerkung 1. Ganz wie im Slawischen hat sich auch im Griechischen — obwohl man hier das Tempus der Zukunft durch Zusammensetzung mit dem sanskr. sjámi (v. ásmi, „sum, ich bin") zu erklären sucht — das Futurum aus der Bedeutung des Aoristus entwickelt. Vergleichen wir z. B. die sich ganz entsprechenden Infinitive sćinić, spytać und $\pi o \iota \tilde{\eta} \sigma a \iota$, $\pi \varepsilon \iota \rho \acute{a} \sigma a \sigma \vartheta a \iota$. Wie die auf s-čin-ić und s-pyt-ać basirenden Bildungen sčin-ju und spyt-am, so bedeuten auch $\pi o \iota \acute{\eta} \sigma \omega$ und $\pi \varepsilon \iota \rho \acute{a} \sigma o \mu a \iota$, welche als Aoristfutura aus den in $\pi o \iota \tilde{\eta} \sigma a \iota$ und $\pi \varepsilon \iota \rho \acute{a} \sigma a \sigma \vartheta a \iota$ enthaltenen Stammformen $\pi o \iota \eta \sigma$ und $\pi \varepsilon \iota \rho a \sigma$ hervorgegangen sind, zunächst so viel als „ich bringe zu Stande irgend wann" (nur nicht jetzt), „ich mache irgend wann einen Versuch": irgend einmal, also auch einst oder künftig: daher 2. „ich werde zu Stande bringen, fertig machen, thun, werde einen Versuch machen, versuchen". (Bei den v. momentaneis erwartet man Formen wie *βάλω [„ich werfe irgend einmal" und „werde den Wurf thun"], die hier eben so gut wie beim sigmatischen Aorist mit dem Conjunctiv dieses Tempus übereinstimmen würden; es ist aber — wie wenn man im Wendischen zmjetam statt éisnu sagte — das dem durativen *βαλέω, βάλλω angehörige Futurum βαλῶ d. i. βαλέ(σ)ω zugleich für die Momentanbildung *βάλω mit eingetreten.)

Anmerkung 2. Das aoristische Futurum hat sich erst allmälig zu einem absoluten erweitert, so daß also z. B. ποιήσω und πειράσομαι vollständig dem deutschen „ich werde thun, werde versuchen" entspricht. Diesen Uebergang der Bedeutung, diese Umbildung des so zu sagen Modus. zum Tempus, veranschaulichen uns folgende bereits aufgeführte wendische Verba (Nr. 2.): poběhnu, poćahnu, poćerju, pojědu, poleću, polězu, póńdu, ponjesu, powjedu, powjezu, změju. Sie sind, wie alle Composita von Verbis durativer Natur, insgesammt aoristische Futura; dieses aber fühlt niemand mehr durch: sie erscheinen als ausschließliche richtige Futura der einfachen Handlung „ich werde im vorliegenden Falle laufen (den Lauf abmachen)" u. s. w. Gerade so hat das griechische Aoristfuturum seine Bedeutung erweitert zu einer Bezeichnung der Zukunft im Allgemeinen. Und erst nachdem dieses geschehen war, konnten sich aus der einen (sigmatischen) Grundform zwei vollständige Tempora entwickeln: der Aorist und das Futurum mit allen dazu gehörigen Modis.

§. 92. Alle aoristischen Verba haben im Wendischen zum einfachen Präteritum nicht das Imperfectum sondern den Aorist, der sich von jenem durch eine leichtere Form unterscheidet (vgl. ἔβαλον und ἔλαβον mit ἔβαλλον und ἐλάμβανον): z. B. s-palich палихъ, zweite Pers. spali пали — Imperf. palach, zweite Pers. paleše, d. i. палнлхъ, палнлаше (vgl. §. 90, Anmerk. 3). — Auf wendischem Standpunkte sagt man wohl auch, die perfectiven Verba hätten das kurze Imperfect: und wo das kurze Imperf. vorliege (wie in spalich, spali), werde auch das einfache Futurum — nicht das mit budu — gebildet (spalu). Vgl. als Beispiele noch kryć — kryjach — budu kryć, und přikryć — přikrych — F. přikryju; kupować — kupowach kupowaše — budu kupować, und nakupować — nakupowach nakupowa — F. nakupuju; dobyć — dobych doby — F. dobudu.

Anmerkung. Die Verba morić und ranić haben, da sie ihrer Bedeutung nach zugleich als momentanea gefaßt werden können, so wohl das Imperfectum morjach, ranjach, als auch den Aorist morich mori (Röm. 7, 11), ranich rani.

Futurum exactum.

§. 93. *a.* So lange eine Sprache sich des aoristischen Futurum bedient, in welchem die Vorstellung die Verbalthätigkeit gleichsam auf einen Punkt zusammendrängt, kann sich der Begriff des Futurum exactum als eines selbständigen Tempus nicht geltend machen, indem die beiden Arten der Zukunft noch in jenem Punkte zusammenfallen. Daher giebt es im Slawischen bei den aoristischen Verbis kein besonderes Futurum exactum: z. B. hdyž pola bratra pobudu, přindu k tebi, wenn ich mein Sein beim Bruder vollende (vollendet haben werde) — d. h. wenn ich beim Bruder gewesen sein werde — mache ich mich an das Kommen zu dir (werde ich zu dir kommen); hdyž to dokonjam, póndu dale, sobald ich das zu Stande bringe (gebracht haben werde), werde ich weiter gehen. So erklären sich auch im Griechischen aoristische Wendungen, die von latinisirender Anschauung als Futurum exactum genommen werden: z. B. ἐὰν λάβω, wenn ich irgend einmal nehme (nehmen werde, genommen haben werde); ἔφη δώσειν εἰ ἔλθοι, wenn er das Kommen vollzöge (gekommen sein würde). — *b.* Sobald aber das Aoristfuturum zum absoluten erweitert ist, kann und muß daneben ein selbständiges Futurum exactum auftreten, sei es daß die Factoren desselben, das Präteritum und das Futurum, durch einfache Zusammenstellung verbunden werden, oder daß beide Bestandtheile zu einer einzigen Form verschmelzen: z. B. κεκαυκὼς ἔσομαι (γεγράψομαι), палнлъ бѫдѫ, lat. ussero (aus uss-i und ero), „ich werde ein Gebrannt-habender sein" (vgl. hortatus ero), ich werde gebrannt haben. — *c.* Im Altslawischen hat diese zunächst nur bei Zeitwörtern der noch unbeschränkten Dauer mögliche Bildung, nachdem man das Practische derselben erkannt hatte, sich allmälig auch auf die aoristischen Verba ausgebreitet. Im Wendischen dürfte dieselbe höchstens von verbis imperfectivis und zwar wie im Griechischen nur in selbständigen Sätzen vorkommen (budu palił), während beim Verhältniß der Unterordnung im Wendischen genau wie im Griechischen die aoristische Form dafür eintritt: z. B. dam tak ruče hać so to stanje, δώσω ἐπειδὰν τάχιστα τοῦτο γένηται, — přińdu tak ruče hać so to spali, εἶμι ἐπειδὰν τάχιστα τοῦτο φλεχθῇ, so bald das irgend wann geschieht, verbrennt, d. h. so bald das geschehen sein wird, so bald das verbrannt sein wird.

A. Conjugation ohne Bindevocal.

§. 94. Die Endungen werden theils ohne Bindevocal theils mit demselben an den Verbalstamm angehängt: vgl. z. B. ἴ-μεν und δίδο-μεν (von den Stämmen ι, i-re, und δο, redupl. διδο) mit der Form λέγ-ο-μεν, in welcher zwischen Stamm und Endung der so genannte Bindevocal o eingefügt ist. Nach diesem Merkmal unterscheidet man, wie im Griechischen die Verba auf μι und die auf ω, auch im Slawischen eine doppelte Conjugation, die bindevocallose und die bindevocalische, von denen die letztere in beiden Sprachen als die verbreitetste erscheint. Zur ersteren gehören nur da-m, jěm, wěm, sym*, nebst směm (§. 102, 10) und mam (§. 108, 3).

§. 95. Wir geben hier das unentbehrliche ѥсмь sym, ich bin, und zur Orientirung noch ѩмь jěm, ich esse. Bei ersterem vereinigen sich die Stämme ѥс (jes) und бы (by) oder verstärkt бѫд (bud); von letzterem heißt der Stamm ѩд (jěd), wie wir außer an ἔδω und edo auch an dem wendischen jěd-li u. s. w. erkennen.

§. 96. бытн być, sein.

Präsens.   Futurum.

	Bindevocallos.		Bindevocalisch.
	Singular.		
1. Pers.	ѥс-мь	sym**	бѫд-ѫ budu
2. =	ѥсн [st. ѥс-сн]	sy	бѫд-є-шн budźeš
3. =	ѥс-ть, ѥ	je	бѫд-є-ть budźe

* дд-мь, ѩ-мь, вѣ-мь, ѥс-мь, st. da(d)mi (δί-δω-μι), jědmi (ἔδ-ω, ed-o: hier bindevocal.), wědmi (Ϝοῖδα, οἶδα), jesmi (*ἔσ-μι εἰμί) od. (wie sum st. esum) jsym [vgl. wend. nje-jsym, non sum].

** In der Verneinung: nje-jsym, njejsy, njeje u. s. w. (§. 94*)

Dual.

1.	ѥсвѣ	smój	бѫдевѣ	budźemój
2.	ѥста	staj, stej	бѫдета	budźetaj, tej
3.	ѥста	staj, stej	бѫдета	budźetaj, tej

Plural.

1.	ѥсмъ	smy	бѫдемъ	budźemy
2.	ѥсте	sće	бѫдете	budźeće
3.	с-ѫть	su	бѫдѫть	budźa, dźeja

Imperativ.

	Singular.	Dual.	Plural.
1.	—	бѫдевѣ	бѫдемъ
	—	budźmój	budźmy
2.	бѫд-и	бѫдета	бѫдете
	budź	budźtaj, tej	budźće
3.	бѫди	бѫдета	—
	budź	budźtaj, tej	njech budźa

Aoristpräteritum.   Imperfectum.

Singular.	1.	бъıхъ	bych	бѣахъ	бѣхъ	běch
	2.	бъıстъ, бъı	by	бѣаше	бѣ	běše, bě
	3.	бъıстъ, бъı	by	бѣаше	бѣ	běše, bě
Dual.	1.	бъıховѣ	bychmój	бѣаховѣ	und	běchmój
	2.	бъıста	byštaj, tej	бѣаста	ſo	běštaj, tej
	3.	бъıста	byštaj, tej	бѣаста	weiter	běštaj, tej
Plural.	1.	бъıхомъ	bychmy	бѣахомъ	und	běchmy
	2.	бъıсте	byśće	бѣасте	ſo	běšće
	3.	бъıшѫ, бѫ	bychu	бѣахѫ	weiter	běchu

Futurisches Aoristpräteritum

	Singular.	Dual.	Plural.
1.	боѵдѣхъ	budź-e-ch	budźechmój	budźechmy
2.	боѵдѣше	budźeše	budźeštaj, tej	budźešće
3.	боѵдѣше	budźeše	budźeštaj, tej	budźechu

Particip und Transgressiv Präsentis сы [сѫшт-ь; so und sucy ungebr.], Präteriti бывъ [Fem. бывъши] bywši, Particip Perfecti былъ był, а, о, Futuri бѫдѫшть (budżo, buducy). Infinitiv быти być, Partic. Perf. pass. бытъ byty, a, e, in dobyty u. s. w.; Supinum бытъ (niederl. byt); Verbalsubstantiv бытие, byće, das Sein.

1. **Perfectum und Plusquamperfectum** werden durch Zusammensetzung gebildet: sym był, běch był, „ich bin, war gewesen=seiend", ich bin, ich war gewesen; sy był, je był (a, o), du bist, er (sie, es) ist gew.; smój byłoj (oder byłaj für Masc., und byłej oder byli für Fem. und Neutr.: §. 71), wir beide sind gewesen; staj byłoj (Mascul.) und stej byłoj (staj byłaj, stej byłej, byli), ihr beide seid gewesen, Pl. smy byli (masc. ration.) und smy byłe, wir sind gewesen.

2. **Subjunctiv.** Der Aorist by-ch (auch buch) heißt — wie das stammgleiche ἔ-χυ-ν — zunächst „ich ward", z. B. zranjeny, verwundet. Mit diesem bych und mit dem Aorist budżech (Budissin. budżich) in der Bedeutung „ich würde" und „ich wäre geworden" bildet man den Subjunctiv Präsentis und Futuri (Conj. Imperf. und Plusquamperf.): bych był „ich würde gewesen=seiend", budżech był „ich wäre gewesen=seiend geworden", d. i. ich wäre, ich wäre gewesen; Plur. bychmy byli (masc. ration.), bychmy byłe wir wären; budżechmy byli, event. byłe, wir wären gewesen. (Vgl. die indicativische Conditionalconstruction: εἰ εἶχον ἔδωκα ἄν, hdy bych měł bych dał.)

Anmerkung 1. Statt sym sagt man [um Hoyerswerda som] im Löbauer Dialekt su (d. i. sum mit abgeworfenem m: lat. sum statt es-mi).

Anmerkung 2. Im Dual bedürfen die Formen auf wi als fast veraltet hier wie bei den übrigen Verbis keiner besonderen Berücksichtigung: swi, budżewi, budżwi, bychwi, běchwi, budżechwi. (Vgl. §. 58, Anm. 3.)

Anmerkung 3. Statt des umschriebenen njech budża, „sie mögen d. i. sollen sein", wird ausnahmsweise die zweite Person (budżće) mit verwendet: budżće swěce, es werden Lichter, 1. Moj 1, 14. (Ebenso zbromadźće so wody, V. 9.)

§. 97. ѩсти jěsć (ſtatt ѩд-ти, jěd-ć), eſſen.

Präſens.   Imperativ.

Singular.	1.	ѩ-мь	jěm	—	—
	2.	ѩ-си	jěš	ѩжд-ь	jěz
	3.	ѩс-ть	jě	ѩждь	jěz
Dual.	1.	ѩвѣ	jěmój	ѩднвѣ	jězmój
	2.	ѩста	jěstaj, tej	ѩдита	jěztaj, tej
	3.	ѩста	jěstaj, tej	ѩдита	jěztaj, tej
Plural.	1.	ѩмъ	jěmy	ѩднмъ	jězmy
	2.	ѩсте	jěsće	ѩдите	jězće
	3.	ѩдать	jědźa	—	njech jědźa

Aoriſtpräteritum.   Imperfectum.

Singular.	1.	ѩдохъ, ѩхъ	z-jěch	ѩдѣахъ	jědźach
	2.	ѩстъ	zjě	ѩдѣаше	jědźeše
	3.	ѩстъ	zjě	ѩдѣаше	jědźeše
Dual.	1.	ѩдоховѣ	zjěchmój	ѩдѣаховѣ	jědźachmój
	2.	ѩста	zjěštaj, tej	ѩдѣаста	jědźeštaj, tej
	3.	ѩста	zjěštaj, tej	ѩдѣаста	jědźeštaj, tej
Plural.	1.	ѩдохомъ	zjěchmy	ѩдѣахомъ	jědźachmy
	2.	ѩсте	zjěšće	ѩдѣасте	jědźeśće
	3.	ѩдоша	zjěchu	ѩдѣахѫ	jědźachu

Particip und Transgreſſiv Präſentis act. ѩды jědźo, jědźicy, Part. jědźacy, a, e, Präteriti ѩдъ jěduši, jědši (vgl. šedši, §. 102, 12), Part. Perfecti ѩлъ jědł, a, o, Präſ. paſſ. ѩдомъ (jědźomy: edendus), Perf. paſſ. ѩденъ jědźeny, a, e. Infinitiv ѩсти jěsć, Supinum ѩстъ (niederl. jěst), Verbal=ſubſtantiv ѩденнѥ jědźenje.

Anmerkung. Die wendiſche Aoriſtform zjěch geht auf das mit angeführte ѩхъ (ſt. ѩдхъ) zurück. Neben ѩхъ [3. Plur. ѩша] findet ſich im Altſlawiſchen auch ѩсъ [3. Pl. ѩса], — wie hier der Aoriſt überhaupt (um das gleich an dieſer Stelle zu bemerken) bei den Conſonantſtämmen nicht ſelten auf съ endigt, von welchem съ (d. i. sam) man gegenwärtig wohl allgemein annimmt, daß es mit dem ſanſkr.=griech.=lateiniſchen asam (àsam) identiſch ſei (§. 90, Anm. 2.), ſo daß alſo c in das gutturale х übergegangen wäre Abgeſehen jedoch davon, daß im Griechiſchen der ſigmatiſche Aoriſtus wie oben nachgewiesen ist, mit dem präteritalen asam **nicht** in Verbindung steht, so müßte das Slawische bei der fraglichen Form, in welcher die zweite Person wieder mit с erscheint, doch gar nichts weiter zu thun gehabt haben, als erst ohne Grund с in х und dann wieder mit Grund das х in с zu verwandeln. Dazu kommt, daß der umgekehrte Vorgang der naturgemäße ist, nämlich daß die Sprachen zur Erleichterung die ungeschmeidigen Gaumlaute vorschieben oder gar über Bord werfen, während eine nachträgliche Erschwerung so unerhört wäre, wie das Zurückfließen des Wassers zur Quelle. Wir sagen daher, daß uns das х eben so wenig secundären Ursprungs zu sein scheint, wie im Griechischen das präteritale х (z. B. ἔ-δωκ-α — дах-ъ: §. 90, Anm. 3), und daß dasselbe in der ersten Person — wenn auch per abusum — ganz ebenso wie in der zweiten ꝛc., und vielleicht nicht ohne deren Einfluß, allmälig zu с geworden ist. Ueberhaupt aber möchten alle Fälle, in denen s in ch übergehen soll, wohl einer erneuten Prüfung bedürfen. — Der beregte Aorist auf х oder с, sei dieses mit oder ohne Bindevocal angefügt, ist seinem Ursprunge nach, wie gesagt, nicht identisch mit dem sigmatischen der griechischen Sprache. Dagegen fällt eine andere Bildung desselben ohne х vollständig mit dem griechischen stammhaften Aoristus (Aor. II.) zusammen: z B. ид-ъ „ich ging" (v. ид-ѫ, wend. du, ich gehe), d. i. id-om, 2. und 3. Person иде, d. i. idés und idé[t], — ganz wie ἤλθον (d. i. *ἤλυθ-ομ), ἤλθες, ἤλθε[ν]. (Die Momentanbedeutung dieses Aoristus ist im Slawischen wie im Griechischen nicht schwer herauszufinden. Für ıастн aber — denn ἔφαγον enthält einen ganz anderen Grundbegriff — will dieselbe nicht passen; daher giebt es hier auch keine Form des A. II.)

B. **Bindevocalische Conjugation.**

§. 98. 1. Die bindevocalische Conjugation zerfällt in sechs Hauptabtheilungen oder Conjugationsformen, welche man nach der Endung des Infinitivs unterscheidet: 1. ć (eventuell c, §. 102, 2) an einsilbigem Stamme [altsl. ти]: z. B. njes-ć (pjec st. pjek-ć), pi-ć, br-a-ć; 2. nyć [нѫ-ти]: z. B. wukny-ć, ćis-ny-ć; 3. eć [ѣ-ти]: z. B. słyš-e-ć; 4. ić [и-ти]: z. B. pal-i-ć (eventuell yć, nach §. 108, 5: z. B. woz-y-ć); 5. ać [а-ти], zwischen zwei weichen Consonanten eć (§§. 22; 112, 5): z. B. dźěl-a-ć, wal-e-ć; 6. ować [овати, st. оу-а-ти, uać, §. 113]: z. B. kup-ow-a-ć. (Statt ć hört man vereinzelt noch die ältere, vollere Form ći.)

2. Bei manchen Verbis weicht der Stamm des Präsens von dem des Infinitivus ab: z. B. бер-ж, bjer-u, Inf. br-a-ć (§. 102, 4). In solchen Fällen kommen folgende Formen vom Präsens her: 1. der Imperativ: бер-н, bjeŕ; 2. das Imperfectum: бер-ѣахъ, bjerjech; 3. das Particip und der Transgressiv Präsentis: бер-ы, bjerjo, bjerjcy, Part. bjerjacy (das Part. Präs. oder Futuri pass.: бер-омъ, bjerjomy). Vom Infinitiv aber werden abgeleitet: 1. der erzählende Aorist (der im Wendischen mit Ausnahme der Momentanea nur in der Zusammensetzung erscheint): бра-хъ, ze-brach; 2. das Particip Perfecti act. und pass.: бра-лъ brał; бра-нъ, brany [von letzterem das substantivum verbale: бра-ниѥ, branje. „das Nehmen"]; 3. das Particip und der Transgressiv Präteriti act.: бра-въ, brawši (4. das im Wendischen nur bei den Niederlausitzern gebräuchliche Supinum: бра-тъ, niederl. brat, „um zu nehmen", §. 84; vgl. noch и-тъ [nach slawischen Lautgesetzen it. i-tum] und das lateinische i-tum, beides von der Wurzel i: и-ти hi-ć, i-re, *i-έναι*).

§. 99. Die Bildungsweise der einzelnen Verbalformen ersehe man aus dem

Paradigma пи-ти (pić), trinken.

Pers.	Präsens.	Imperativ.	Aoristpräterit.	Imperfect.
1.	пи-ѭ	—	пихъ	пиѣахъ
2.	пиѥши	пи-й	пи	пиѣаше
3.	пиѥть	пий	пи	пиѣаше
1.	пиѥвѣ	пиявѣ	пиховѣ	пиѣаховѣ
2.	пиѥта	пията	писта	пиѣаста
3.	пиѥта	пията	писта	пиѣаста
1.	пиѥмъ	пиямъ	пихомъ	пиѣахомъ
2.	пиѥте	пияте	писте	пиѣасте
3.	пиѭть	—	пиша	пиѣахѫ

Participa Präsentis activi пи-ѩ [Gen. пиѭшта], нес-ы, Präteriti пивъ [Fem. пивъши] Perfecti act. пилъ, Präsentis Passivi пиѥмъ, Perf. pass. пи-ѥнъ, пи-тъ. Infinitiv пити, Supinum питъ, Verbalsubstantiv питиѥ.

Anmerkung. Das vor den Bindevocalen stehende и (j) hat den Zweck den Hiatus (pi-ų) aufzuheben.*

Erste Conjugationsform: Infin. ć (event. c).

Reiner Verbalstamm.

§. 100. Die Stämme sind (einsilbige) Wurzeln (vgl. §. 108, 4); sie endigen theils mit Consonanten, theils mit Vocalen. Die letzteren schieben zwischen zwei Vocalen ein j ein (§. 99 Anmerk.). Bei ersteren unterliegen die t- und k-Laute vor weichen Vocalen [e, и, я] den bekannten Veränderungen (§. 8, 2; §. 12 ff.): z. B. wjedu, mjetu, přadu, mjatu, pjeku — wjedźeš, mjećeš, předźeš und mjećeš (§. 22), pječeš. Imperat. wjedź [вед-и], pječ [neч-и von нeк-ж].

§. 101. Infinitiv wjes-ć (statt wjed-ć), führen, pi-ć, trinken.

	a.		b.	
Pers.	Präsens.	Imperativ.	Präsens.	Imperativ.
1.	wjedu, dźem	—	piju, pijem	
2.	wjedźeš	wjedź	piješ	pij
3.	wjedźe	wjedź	pije	pij
1.	wjedźemój	wjedźmój	pijemój	pijmój
2.	wjedźetaj, tej	wjedźtaj, tej	pijetaj, tej	pijtaj, tej
3.	wjedźetaj, tej	wjedźtaj, tej	pijetaj, tej	pijtaj, tej
1.	wjedźemy	wjedźmy	pijemy	pijmy
2.	wjedźeće	wjedźće	piješe	pijće
3.	wjedu, dźeja njech wjedu		pija,** jeja	njech pija

* Im Russischen lassen einige Stämme mit и und ы (üi, öi) einen Theil ihres Grundvocals mit diesem j zusammenfließen, wodurch jener zu ь und o abgeschwächt wird: пить, мыть — пью, мою. — Bei den Consonantstämmen kommt das j natürlicherweise nicht vor: z. B. нес-ж, нес-е-шн.

** In der Hoyerswerdaer Sprachvarietät: piju.

	a.		b.	
Perſ.	Imperfect.	Aoriſtpräterit.	Imperfect.	Aoriſtpräterit.
1.	wjedźech*	do-wjedźech ꭓc.	pijach	wu-pich ꭓc.
2.	wjedźeše	dowjedźe	piješe	wupi
3.	wjedźeše	dowjedźe	piješe	wupi
1.	wjedźechmój	dowjedźechmój	pijachmój	wupichmój
2.	wjedźeštaj, tej	dowjedźeštaj, tej	piještaj, tej	wupištaj, tej
3.	wjedźeštaj, tej	dowjedźeštaj, tej	piještaj, tej	wupištaj, tej
1.	wjedźechmy	dowjedźechmy	pijachmy	wupichmy
2.	wjedźešće	dowjedźešće	piješće	wupišće
3.	wjedźechu	dowjedźechu	pijachu	wupichu

Das Aoriſtpräteritum ведохъ und das Imperfect ведѣахъ ſind im Wendiſchen zuſammengefallen.

Futurum: po-wjedu (niemals budu wjesć): §. 91, 2 und Anmerk. 2; wu-piju, napiju so u. a.; Zukunft der Dauer: budu pić.

Participialien: Transgreſſiv Präſentis wjedźo [ſtatt wjedo, nach pijo gebildet], wjedźicy, pijo, pijicy, „beim Führen Trinken, im F., J.", Particip wjedźacy [nach piju, ſtatt wjeducy: vgl. §. 102, 1], a, e, pijacy trinkend, a, e, pijaty gern trinkend, trunkſüchtig, a, e; Transgreſſiv Präteriti wjeduši (d. i. wjedъši: vgl. šedši, §. 102, 12), piwši, Partic. Perf. act. wjedł, pił, a, o (Präf. oder Fut. paſſ. wjedźomy [ſtatt wjedomy], pijomy a, e, ducendus, bibendus), Perfect. paſſ. wjedźeny, pity, a, e. Infinitiv wjesć, pić (Supin. niederl. wjast, pit), Verbalſubſtantiv wjedźenje, piće. Infinitiv Aoriſti dowjesć, wuwjesć, přiwjesć ꭓc., wupić, so napić ꭓc.

Anmerkung 1. Das c der Participia Präſentis act. iſt, ſo wie das altſlawiſche шт, aus einem urſprünglichen t hervorgegangen: alſo cy, eigentlich ci (§. 9), aus ty, welches letztere vor ſeiner Adjectivirung ti lautete. Die Formen auf cy beziehen ſich in allen Conjugationsformen auf den vorliegenden Fall, die mit ty auf das Vorkommende, auf das was zu geſchehen pflegt: z. B. wuknjacy

* Nach dem Budiſſiner Dialekt wjedźich, wjedźiše ꭓc. geſprochen. (Vgl. §. 3, 5 b.)

jetz (im Augenblick des Sprechens) lernend, wuknjaty lernend überhaupt; kurčacy hołbik ein jetzt girrendes Täublein, kurčaty hołbik jedes girrende Täublein; palacy jetzt brennend: aber popjeŕ je palaty; nošacy und wodźacy im vorliegenden Falle iterativ bringend oder führend: aber nošaty, wodźaty, vorkommenden Falls bringend, führend; dawacy das iterative Geben ausführend, dawaty zu geben pflegend; dobywowacy das Erringen jetzt ausführend, dobywowaty wiederholt erringend. (Wěrjacy bedeutet: glaubend, gläubig; wěrjaty: vorkommenden Falls glaubend, leichtgläubig.)

Perfect, Plusquamperf. sym, běch wjedł, pił, a, o.

Passivum: sym wjedźeny, ich bin (d. i. werde) geführt; Perf. sym wjedźeny był; Futur. budu wjedźeny (§. 85 Anm.). Woda so pije, wupije, das Wasser wird getrunken, wird getrunken werden (§. 85, 1).

Anmerkung 2. Wie im Deutschen kann auch im Wendischen durch doppelte Zusammensetzung ein perfectum und plusquamp. secundum gebildet werden: z. B. sym wjedł (pił) był, běch wjedł (pił) był, ich habe, ich hatte geführt (getrunken) „gehabt"; eben so in den übrigen Conjugationsformen: z. B. sym (běch) pisał był, ich habe (hatte) geschrieben „gehabt" Dasselbe geschieht im Subjunctiv: z. B. bych wjedł był, ich hätte geführt „gehabt"; budźech wjedł był, ich würde geführt „gehabt" haben

§. 102. Bemerkungen zur ersten Conjugationsform.

1. Der Zischlaut absorbirt (§. 9) die folgende Präjotirung: z. B. njes-eš (nicht njes-éš zu spr.); njeso, njesycy, njesuši. — In dem seltenen Particip Präsentis haben die Zischlautstämme die alterthümliche Endung ucy (vgl. ducy, unter Nr. 12): njesucy, wjezucy.

2. Die Gutturalstämme lassen die Infinitivendung ć mit dem h und k zu c verschmelzen: z. B. wu-lah-u (Hiob 39, 4) moh-u (jetzt móžu), móh-ł, pjek-u, wlak-u — Inf. wulac, móc, pjec, wlac [statt wulahć, móhć, pjekć, wlakć]. Im Hoyerswerdaer Dialekt verwandelt sich k in s: pjesć, wlasć (wie in Nr. 3). — Der Transgr. Prät. lautet pjekši, wlakši.

3. Bei den t-Stämmen geht der Zischlaut im Infinitiv in s über: kład-u, mjatu — Inf. kłasć, mjasć. Rost-u hat rosć [statt ros-sć].

4. *a.* Einige Verbalwurzeln mit muta cum liquida (wozu auch ml, so wie žr [st. gr] gehört), fügen (vgl. die Vocalstellung in βάλλ-ω βέ-βλη-κα, καλέω — κέκληκα) im Infinitivstamme ein a und ě, in dem des Präsens ein é ein: br, pr, žr, ml, sl [statt stl, wobei стлати, стелж, „streuen", und съла́ти, съ́лж, „schicken", zusammengeworfen sind]. — Präs. b-je-ru, p-je-ru, ž-e-ru, m-je-lu, sć-e-lu (statt st-je-lu). 2. Pers. bjerješ, mjeleš u. s. w.;* daher: Aoristprät. zebrach, zebra ꝛc., Transgressiv und Particc. Präs. bjerjo, bjerjacy, bjerjaty, Präteriti brawši, brał, Imperat. bjeŕ, u. s. w., u. s. w. (Vgl. Nr. 4. *b.* und 5.)

b. α) Andere Verba dieser Art zeigen den Vocal ě nur im Infinitivstamm, nicht aber zugleich in dem des Präsens: dr, mr, pr, wr, kr, skr, str, nebst čr (vgl. unten Nr. 15) und žr — Insin. dr-ě-ć rózdrěć, mrěć wumrěć, prěć zaprěć, za-wrěć, škrěć, pře-strěć oder přestrjeć [пръ und стръти], na-črěć, pó-žrěć. — Präs. (event. Futurum) dru rózdru, mru wumru, pru zapru, zawru, roze-škrje (Psalm 68, 3), přěstru, načru, póžru, Imperat. (vgl. unten ß) rózdri oder rózdŕ, wumŕ, zawŕ, rozeškri, přěstri oder přěstŕ, načri, póžri, (póžeŕ, Off. Joh. 10, 9), Transgr. Präs. mrjo; Particip. und Transgr. Präteriti mrěł, drěł, mrěwši, drěwši, wumrěł, rózdrěł, wumrěwši, rózdrěwši, u. s. w.; Aoristprät. rózdrěch, wumrěchu (mrěchu, 2. Mos. 7, 21), zaprěch, přiwrěch, načrěch: zweite Person -ě, u. s. w. (vgl. ß). Uebrigens wird in wumrěć fast durchgängig und, besonders im Hoyerswerdaer Dialekt, auch in den übrigen Zusammensetzungen das ě gern zu ó verflüchtigt: wu-mrjeć (za-wrjeć u. s. w.), Aoristpräterit. wumrje, Partic. wumrjeł [z. B. Röm. 5. 6 f.; gerade so bereits im Altslawischen оумре, оумрьлъ]. — ß) In trěć, reiben, wischen, ist das ě dem Stamme zugewiesen worden, als ob die Wurzel nicht t(é)r sondern trě wäre: so daß sich dasselbe also der vocalisch auslautenden Klasse (pi-ć) anschließt. Dasselbe geschieht nicht selten (und um Hoyerswerda regelmäßig) bei dr-ě-ć und den übrigen soeben angeführten Verbis: Präsens

* Ebenso bildet man sr-a-ć — s-je-ru, gewöhnlicher seru.

dŕěju (wie pi-ju), pŕěju, škŕěju, mŕěju (3. Plur.) Hoyersw., zawrjeju, zaprjeju u. f. w., Transgr. Präſ. mŕějo, — Alles von dem ſecundären Infinitiv dŕě-ć, u. f. w. Daher heißt der Imperativ, außer wie vorher (*«*) angegeben, auch dŕěj, mŕěj, pŕěj, škŕěj, přestŕěj (Luk. 5, 4), načŕěj, pózŕěj — und das Impf. wird gegenwärtig faſt immer von den vocaliſchen Formen (mŕě, pŕě, dŕě, škŕě) aus gebildet: mŕějach (ſtatt mrjech, мр-ѣахъ; die 3. Perſ. mrjeſe ſteht noch Luk. 8, 42), pŕějach (ſt. prjech; daher prěchu, Luk. 8, 45), dŕějach (Luk. 9, 42), škŕějach, zweite Perſon -ějeſe (nach pijach, piješe). — In kćěć, d. i. kt-ě-ć, — deſſen veraltetes Präſens kt-u, kćeš, kće, 3. Plur. (in Volksliedern) ktu lautet — hat ſich das ě wie bei tŕěć vollſtändig dem Stamme angeſchloſſen: Präſens kćě-ju. —

γ) Das unter 4. *a*. erwähnte ě des Präſens zeigt ſich bei den unter *b*. angeführten Verbis in der Regel in den Iterativformen: rózdźeram, zapjeram, zawjeram, poćeram, wotemjerać, přeścerać, pózerać.

5. Das Participium Perf. paſſivi der Verba unter Nr. 4. *a*. endigt außer mlěty und zemlěty auf ny: brany, prany, žrany, słany; bei denen unter 4. *b*. nach Art der vocaliſchen Stämme auf ty: rózdrěty, zawrěty, načrěty, wotemrjety, přestrjety, pózrěty; — daher Verbalſubſtantiv branje, žranje (aber žraće Matth. 23, 25), słanje; dagegen mrěće, wumrjeće: aber drěnje, škrěnje, pózrěnje, přestrjenje (přěstrjeće etwas zum Aus= breiten, Zudecken).

6. Die Verbalwurzeln kł und pr — muta cum liquida wie Nr. 4 — weiſen ihrem Vocale im Präſensſtamme eine andere Stelle an: kł-ó-ć, pr-ó-ć [клати, прати], Futur. k-o-łu oder auch k-o-lu, Präſ. p-o-ru [колѭ, порѭ] Imperat. kól, pór; Aoriſtprät. kłóch, rozpróch, 2. Perſ. -ó; Partic. kłół, kłóty, próty. (Um Hoyerswerda kennt man nur die vocaliſch gewordene Form pró-ć, Präſens pró-ju.)

7. Die Stämme blu, plu, žu, ru (veraltet, „raufen") er= weitern ihren Infinitiv durch a, wobei ſich das u zu w erweicht (welches letztere aber bei der Ausſprache verſchluckt zu werden pflegt): z. B. Präſ. blu-j-u, pluju [блюѭ, плюѭ], Imperf.

-jach (ruješe, Hiob 1, 20; rujachu, Jeſ. 50, 6); Infinitiv blwać, plwać [БЛЬВАТН], Part. Prät. blwał, plwał; blwawši, plwawši; blwany; Aoriſtprät. wublwach, -a. (Um Hoyerswerda bildet man blu-w-ać, pluwać: fünfte Conjugationsform.)

8. *a.* Die Verba so smje-ć und le-ć — ſtatt smjać und ljać aus smijati und lijati [СМНАТН, ЛНАТН] — haben — wie blu und plu (Nr. 7) — ihren Stamm smi und li durch a erweitert (wobei das j den Hiatus aufhebt: §. 99, Anm.); die Präſensformen ſteigern, um der infinitiviſchen Gruppe на die Wage zu halten, das auf i-a beruhende ć zu è, ѣ, in letzterem Worte zu i: смѣж са smĕju so, лѣю wendiſch lĕju; Imperfect. smĕjach so, lijach; Aoriſtprät. wusmjach so, wulach, 2. Perſ. -a; Partic. smjał so, łał. — *b.* Hierher gehört auch dźeć [ДѢ-ТН] „thun", welches im Wendiſchen nur in dem Aoriſtprät. dźach (2. 3. dźeše, Dual dźachmój, 2. 3. dźeštaj, Plur. dźachmy, dźešće, dźachu) „ich ſprach, ſagte" vorkommt, — ſo wie in so dźeć „(ſich) geſtalten) träumen" und in den Compoſitis so předźeć „ſich durcharbeiten" d. i. „aufgehen" [von Geſchwüren], so nadźeć „hoffen"; dabei erhöht ſich ć [ѣ] in den Präſensformen zu i: z. B. dźije so, dźiješe so, nadźiju so; Aoriſtprät. mi so zedźa, předźa so, Partic. dźało so, předźało so, so nadźał. — Verſchieden davon iſt ein anderes dźeć [ДѢ-ТН, identiſch mit dem θε von τιθέναι] „ſetzen, ſtellen", das in dem Compoſitum wodźeć „(umlegen, περιθεῖναι) zudecken" ſich erhalten hat: Futur. wodźeju (auch wodźiju), Partic. wodźeł, wodźety, Aoriſtprät. wodźech. — *c.* Jener Bildungsweiſe folgt im Wendiſchen auch das aus КЛА-ТН (КЛЬН-Ж: vgl. Nr. 9) hervorgegangene kleć, das man als kljać aufgefaßt hat: Präſ. kliju, Imperf. klijach, Aoriſtprät. po-klach, Partic. klał, klaty, poklaty. — *d.* Die Iterativformen dieſer verſchiedenartigen Verba ſind: so smĕwkać, so wusmĕwać, naliwać, so předźinać, so nadźinać oder edler so nadźijeć, wodźewać, pokliwać.

9. *a.* Die Infinitive čeć, ćeć, pjeć, žeć [ѴАТН, ТАТН, ПАТН, ЖАТН] — von denen die drei erſten nur noch in der Zuſammenſetzung vorkommen: počeć, naćeć u. a., zapjeć,

spjeć u. a. — haben nicht ursprünglich vocalischen Auslaut, sondern endigen eigentlich auf ѧ mit vorhergehenden ь — also čĭn u. s. w. —, welches ь mit ѧ zu dem Nasalvocale ѧ verschmilzt: ѧть u. s. w. Im Präsensstamme wird das n zu der folgenden Silbe gezogen und erhält sich so als selbständiger Laut; der Nasalvocal des Infinitivs aber wird nach wendischen Lautgesetzen durch é ausgedrückt (§. 5, 2): Präsens žnu (um Hoyerswerda žeju, als ob der Infinit. že-ć wäre), Futurum počnu, natnu, wotetnu, zapnu, Imperat. žni, poćni, wotetń (Matth. 5, 30; Mark. 9, 43), zapni (gew. zap gespr.); Partic. žał žaty, naćał, spjał, naćaty, spjaty, wotpjaty, poćał, započał, poćaty (Hoyersw. zapoćany), Aoristprät. naćach, wotžach. Statt zapjeć „zuknöpfen" sagt man gewöhnlich zapnyć; Partic. zapnył, zapnjeny.

b. Der Infin. jeć geht auf ньм-ть jim-ti zurück, woraus im Altslawischen ѩть und im Wendischen jeć werden mußte. Das wurzelhafte m kommt im Futur. wieder zum Vorschein, welches letztere übrigens nur in Compositis erhalten ist: z. B. na-jeć, zajeć, zjeć — na-jmu u. s. w.; Partic. najał, najaty, Aoristprät. najach, naja, u. s. w. Zu dieser Wurzel gehört auch das Verbum wzać, das aus dem veralteten wz „empor" und aus der älteren Form jać (statt jeć) „nehmen" zusammengesetzt ist: also wörtlich „empornehmen, an sich nehmen"; Futur. wozmu* (um Hoyerswerda woznu nach Analogie von počnu, wozu dann hier der Infin. neben wozać auch woznyć lautet); Imperat. wzmi (wozni); Aoristprät. wzach, Partic. wzał, wzaty (wozach, wozał, wozaty).

c. Das stammhafte i-n (i-m) kehrt in den Iterativformen wieder: počinać, naćinać, napinać, (žinać ungebr.), jimać.

10. Smeć „dürfen" hat sich — wahrscheinlich zur Unterscheidung von so smjeć (Nr. 8) — der bindevocallosen Conjugation (§. 94) angeschlossen: Präsens smĕm, smĕš u. s. w., 3. Pluralis smĕdźa (statt smĕja); Imperfect. smĕdźach; Partic. smĕł.

* Das Präsens dazu (von der Wurzel be) ist bjeru, oben Nr. 4.

11. *a.* Die Wurzel mog (ver=mög=en) — von welcher der Infinitiv nach Nr. 2 móc lautet — hat sich, als wenn der Stamm mogi hieße, in den Präsensformen den vocalischen Stämmen angeschlossen, wobei der Kehllaut des einstigen mog-u oder moh-u vor i in den Spiranten übergeht (§. 14), welcher letztere darauf das i in sich aufnimmt (§. 16): mohi-u oder mohiju (wie pi-u, piju, §. 100) — možiju — wendisch móžu, 3. Pluralis móža, móžeja, Imperfect mohi-ach, — možiach, wendisch móžach; dagegen vom Infin.: das Aorist= präteritum zamóch (statt zamog-ch), 2. Pers. zamó; Partic. móhł, přemóženy (nach иныенъ, §. 99). — *b.* Ueber łhać — łžu s. §. 112, 1.

12. Die Verba jěć und hić haben, indem sie aus jěd-ć und hid-ć (letzteres st. id-ć) hervorgegangen sind, consonanti= schen Auslaut: jědu, du (st. idu, ндж), 2. Pers. jědźeš, dźeš, u. s. w. nach wjedu, 3. Plur. jědu oder jědźeja (nicht: jědźa „sie essen", §. 97): Futur. pojědu, pońdu; Imperf. jědźech, dźech, Aoristprät. zajěch und zajědźech, přińdźech, dóńdźech, 2. Pers. -jě, -dźe; Imperat. jědź, dźi; Transgr. Präs. jědźo, jědźicy beim Fahren, ducy „unterwegs" (als Particip noch Matth. 14, 25: ducy po morju, sowie Luk. 22, 62); Pers. jěł (nicht jědł, §. 97) und [vom Stamme шьд, d. i. ход — das wir in ходнти, khodźić, wiederfinden —] šoł (statt šodł oder älter šedł), Femin. jěła, šła, Plur. jěli, šli, jěłe, šłe; Transgr. Prät. jěwši (von jě-ć), šedši (st. šedűši), přišedši (gespr. pšišedsi) ἐλθών. — Von dem anlautenden i in idu, wofür man jetzt du sagt, haben sich Spuren erhalten in dem Futurum pójdu (um Hoyerswerda) oder póńdu, in njeńdu (njejdu), přińdu u. s. w.

13. Dam, jěm, wěm, směm gehören der bindevocallosen Conjugation an (§. 94). Wie bei dam daće, směm sméće, so wird in der zweiten Pluralis neben jěsće und wěsće (aus jěd-će und wěd-će) auch jěće und wěće gebildet, so daß also das wurzelhafte d nicht weiter beachtet ward. In den Infinitiv= formen ist die Wurzel въд wěd in die dritte und vierte Bildungs= weise übergetreten: въдъти wjedźeć (um Budissin wjedźić, 4.),

wissen, powjedźić wissen machen, mittheilen, sagen, Partic. wjedźał, powjedźił, Pass. wjedźany, powjedźeny (-ał, -any). Doch giebt es noch ein gar nicht seltenes Aoristprät. powěch oder powjech, powě (2. Kön. 4, 31) ꝛc., so wie einen immer mehr veraltenden Infin. powjesć (st. po-wjed-ć) „sagen" (vgl. das Substantivum powjesć), neben welcher auch das Partic. powjedła, powjedli vereinzelt vorkommt.

14. Das durative stać „stehen" ist die Contraction einer der dritten Bildung angehörenden Form стоѩти [d. i. сто-ѣти], wend. ste-jeć (auch) stojeć; niederl. stojaś): sto-ati — stâti; daher: Partic. Perf. stał, Pass. staty, und Aoristprät. za-stach, 2. zasta. — Das aoristische Momentanverbum ста-ти (vgl. „vom Rosse stahn") hat sich im Wendischen der zweiten Conjugationsform zugewandt: sta-nyć „aufstehen". Futur. stanu (Präs. sta-wam), in der Zusammensetzung aber: zastać, wostać, zastał, wostał, Futur. zastanu, wostanu.

15. Das bereits oben (Nr. 4) aufgeführte Verbum (črěć) na-črěć, po-črěć sollte, wie das Iterativum čerp-ać beweist, im Infinitiv zunächst čérp-ć oder črěp-ć heißen. Es gingen indeß bereits im Altslawischen die Laute b, p vor der Endung ти (ć) verloren, oder es wurde, was in späterer Zeit geschah, zwischen beiden Bestandtheilen ein s eingeschaltet: греб-ѫ (hrjeb-u) — Infin. грети [st. греб-ти] oder гребсти; уръп-лѭ — Infin. но-уръти oder но-уръисти, wendisch po-črěć. Außer diesem počrěć hat sich im Wendischen keine entsprechende Bildung erhalten; denn wenn auch die Indicative hrjeb-u und wo-zeb-u in allen Personen noch vorkommen (njech hrjebu, Matth. 8, 22), so sind diese Verba im Infinitiv — der hrjeć und wozeć oder hrjebść und wozebść lauten würde — doch in die fünfte Conjugationsform übergetreten, als zu welcher gehörig wir sie denn auch zu betrachten haben. Der Zusammenhang von čerpać und počrěć ist übrigens dem Bewußtsein derartig entschwunden, daß man von letzterem, wenigstens um Hoyerswerda, ein Iterativum čěrać, počěrać ausgehen läßt. Dieser Umstand mag es erklären, daß ich oben Nr. 4 b. eine Wurzel čr mit aufgestellt habe.

Anmerkung. Einige einsilbige Verba, die der dritten oder vierten Conjugationsform angehören, findet man an der betreffenden Stelle angegeben (§. 108, 2. 3. 4.).

Zweite Conjugationsform: Inf. ny-ć.

Der Verbalstamm ist durch ny erweitert.

§. 103. Die Verba dieser Klasse unterscheiden sich von denen der ersten nur durch die mit нѫ (nu, gegenwärtig meist ny) bewirkte Verstärkung (vgl. δείκ-νυ-μι): z. B. du-ć — du-nyć; erste Form im Präsens: плд-ѫ, таг-ѫ, лег-ѫ, (padu, ćahu, lehu, ungebr.) — zweite im Infinitiv: плд-нѫ-ти, таг-нѫ-ти, лег-нѫ-ти, padnyć (davon padnu), ćahnyć (ćahnu), lehnyć (lehnu); вык-ѫ wuk-u (beides ungebr.), wuk-li (§. 105, 3) — вык-нѫ-ти wuknyć. Derartige Verba erscheinen zum Theil als intensiva — wohin auch die incohativa (§. 87, 3) zu rechnen sind, welche die Handlung als eine werdende bezeichnen, wie wjadnyć —, zum Theil als momentanea, — welche letztere im Grunde wieder auch intensiva sind, da sie, wie dunyć, den Begriff der ganzen Handlung auf einen Moment concentriren.

§. 104. Infinitiv wuknyć, lernen.

Pers.	Präsens.	Imperativ.	Imperfect.	Aoristpräterit.
1.	wuknu, njem	—	wuknjech *	na-wuknych ec**
2.	wuknješ	wukni	wuknješe	nawukny
3.	wuknje	wukni	wuknješe	nawukny
1.	wuknjemój	wuknimój	wuknjechmój	nawuknychmój
2.	wuknjetaj,tej	wuknitaj, tej	wuknještaj,tej	nawuknyštaj, tej
3.	wuknjetaj,tej	wuknitaj, tej	wuknještaj,tej	nawuknyštaj, tej
1.	wuknjemy	wuknimy	wuknjechmy	nawuknychmy
2.	wuknjeće	wukniće	wuknješće	nawuknyšće
3.	wuknu, njeja	njech wuknu	wuknjechu	nawuknychu

Das altslawische Aoristprät. ist нлвыкнѫхъ, das Imperfect выкнѣхъ.

* Nach der Aussprache des Budissiner Dialekts wuknich ec.
** Aeltere Form nawuknuch.

Futurum na-wuknu, do-wuknu u. a.; momentan: ćisnu, ich werde den Wurf thun; Zukunft der Dauer: budu wuknyć, budu ćiskać oder mjetać.

Participialien: Transgr. Präsentis wuknjo, wuknicy, Particip wuknjacy, wuknjaty (§. 101, Anmerk. 1), a, e, Tr. Präteriti wuknywši (wuknuwši), Part. Perfect. act. wuknył (wuknuł), wukła, ło (§. 105, 3), (Präs. oder Futur. pass. wuknjomy, a, e, discendus), Perf. pass. wuknjeny, a, e. Infinitiv wuknyć (wuknuć), niederl. huknuś (Supin. niederl. huknut), Verbalsubstantiv wuknjenje. Infinitiv Aoristi na-wuknyć, dowuknyć ꝛc., momentan ćisnyć, dunyć u. a.

§. 105. Bemerkungen zur zweiten Conjugationsform.

1. Die Infinitivendung нѫти, nyć, ist aus einer älteren Bildung ноути, nuć, hervorgegangen, welche letztere um Hoyers-werda (so wie in der Niederlausitz) noch in Gebrauch ist. Das wurzelhafte h vor nyć ist im Budissiner Dialekt stumm:* ćahnyć, dosćěhnyć, torhnyć, zběhnyć [двигнѫти]; ein derartiges d bleibt durchgehends ungesprochen:* padnyć, kradnyć, so sydnyć, — außer in wjadnyć und in Ableitungen von Adjectivis: woblědnyć, wokhudnyć. (Bei sydnyć hat der Sprachgebrauch den Unterschied ausgeprägt, daß so synyć „sich setzen" bedeutet, so sydnyć aber „gerinnen".)

2. *a.* Im Aoristpräteritum kehren die genannten h- und d-Stämme (mit Ausnahme des Hoyerswerdaer Dialekts) zu den Formen der ersten Klasse zurück: do-sah-nyć, do-sćěh-nyć, torh-nyć, zběh-nyć und (nur in dieser Zusammensetzung) sćah-nyć — dosažech, dosćěžech, toržech, zběžech, sće-žech; padžech (Matth. 14, 33), kradžech (und kradnych), sydžech so (und synych so), „ich setzte mich", — aber sydny so „es gerann"; 2. Pers. -že, -dže. Merkwürdigerweise lautet das Prät. von sta-nyć gewöhnlich (wie von stah) stažech (nicht leicht stanych); auch findet man in der Zusammensetzung dostažech, dostaže (Röm. 4, 11) statt des gewöhnl. dosta-ch, dosta. — Von pyt-nyć „gewahren" wird (§. 8, 2. *a.*) nach

---

* Man könnte auch sagen, dasselbe assimilire sich dem folgenden n, welches aber nach slawischen Lautgesetzen sich nicht verdoppeln läßt.

der ersten Conjugationsform gebildet pyćech (gespr. pycjech: vgl. §. 6, 9 f. und §. 8, 2. *b*.), 2. Pers. pyće (3. Plur. pyćechu, z. B. Luk. 9, 11).

b. Dasselbe geschieht (nur nicht im Hoyerswerdaer Dialekt) so ziemlich bei allen Verbis im Part. Perf. act., mit Ausnahme der ungefügigen Masculinform: wuk-nyć — wukła, wukłe, wukli; ćeknyć, ćisnyć, rěznyć, wusnyć — ćekli, ćisli, rězła, wusli, dótkli (Matth. 14, 36). Ausgenommen sind natürlich die vocalisch auslautenden und außerdem die Stämme mit h oder ł, welche letztere nach dem eventuellen Verschwinden des Schluß= consonanten gewissermaßen auf jenes Gebiet übertreten: dunyła, zběhnyli, ćahnyli, synyli. (Doch findet man in älteren Büchern přepadłe [Psalm 46, 4] u. ä.; ebenso hat sich aus früheren Zeiten in den Volksliedern die Form zaćahła erhalten.)

3. Umgekehrt (zu Nr. 2) tritt der Momentanstamm rjek — Infinit. rjec, d. i. rjek-ć (§. 102, 2) — im Futurum in die zweite Bildung über: rjeknu; ebenso: Aoristprät. rjeknych, 2. rjekny, und Transgressiv Prät. rjeknywši (das Participo lautet rjekł (Ps. 119, 57; Luk. 17, 4), a, o, nicht leicht rjeknył).

4. Im Imperativ (въкни-и) geht das i, wie in den übri= gen Conjugationsformen, gemeiniglich verloren, und das der Consonantenhäufung wegen schwierig gewordene ń pflegt dann beim Sprechen behufs der Erleichterung abgeworfen zu werden: z. B. wuk, ćis, wuktaj; rjek (Nr. 3), rjekće.

5. Die erste Person wuknu, ćisnu u. s. w. ist verschmolzen aus wuknu-u (въкноу-ж), ćisnu-u.

Dritte und vierte Conjugationsform: Inf. é-ć [ѣти], i-ć.

Der Verbalstamm ist durch é und i erweitert.

§. 106. Der Präsensstamm der Verba der dritten Klasse fällt mit dem der vierten zusammen, indem dieselben beiderseits auf i ausgehen: z. B. ryčé-ć, pali-ć — Pr. (ryči-u̯, pali-u̯) ryču ryčim, palu palim. Die auf ić sind hier (vgl. §. 100) insgesammt abgeleitet, und zwar größtentheils von Nominibus (vgl. §. 115). Das éć ist nach §. 22 aus jać (éać, iać: §. 3, 6) hervorgegangen, wobei der j-Laut sich in dem Spiran=

ten verloren hat (§. 16): ;. B. słych-ia-ć — słyš-a-ć — słyšeć.

§. 107. Infinitiv słyš-e-ć, hören, pal-i-ć, brennen.

Dritte Conjugationsform.

Perf.	Präsens.	Imperativ.
1.	słyšu	—
2.	słyšiš	słyš
3.	słyši	słyš
1.	słyšimój	słyšmój
2.	słyšitaj, tej	słyštaj, tej
3.	słyšitaj, tej	słyštaj, tej
1.	słyšimy	słyšmy
2.	słyšiće	słyšće
3.	słyša	njech słyša

Perf.	Imperfectum.	
1.	słyšach	palach
2.	słyšeše	paleše
3.	słyšeše	paleše
1.	słyšachmój	palachmój
2.	słyšeštaj, tej	paleštaj, tej
3.	słyšeštaj, tej	paleštaj, tej
1.	słyšachmy	palachmy
2.	słyšešće	palešće
3.	słyšachu	palachu

Vierte Conjugationsform.

	Präsens.	Imperativ.
1.	palu	—
2.	pališ	pal
3.	pali	pal
1.	palimój	palmój
2.	palitaj, tej	paltaj, tej
3.	palitaj, tej	paltaj, tej
1.	palimy	palmy
2.	paliće	palće
3.	pala	njech pala

	Aoristpräteritum.	
1.	za-słyšach ꝛc.	spalich
2.	zasłyša	spali
3.	zasłyša	spali
1.	zasłyšachmój	spalichmój
2.	zasłyšeštaj, tej	spalištaj, tej
3.	zasłyšeštaj, tej	spalištaj, tej
1.	zasłyšachmy	spalichmy
2.	zasłyšešće	spališće
3.	zasłyšachu	spalichu

Im Altslawischen lautet das Aoristpräteritum слышѣхъ, палихъ, das Imperfect слышѣахъ, палѣахъ.

Futurum za-słyšu, wu-słyšu, s-palu, za-palu u. a.; Zukunft der Dauer: budu słyšeć, budu palić.

Participialien: Transgressiv Präsentis słyšo, slyšicy, palo, palicy, Particip słyšacy, słyšaty, palacy, palaty (§. 101, Anmerk. 1); Transgressiv Präteriti: słyšawši, paliwši; Particip Perfecti act. słyšał, palił, a, o (Präs. oder Futur. pass. słyšomy, palomy, audiendus, urendus), Perfect. pass. słyšany, paleny. Infinitiv słyšeć (niederl. słušaś), palić (Supin. slušat, palit), Verbalsubstantiv slyšenje, palenje. Infinitiv Aoristi zaslyšeć, spalić u. a.

§. 108. Bemerkungen zur dritten und vierten Conjugationsform.

1. Das Präsens entsteht durch Verschmelzung des i-Stammes mit den einfachen Endungen (s. pi-j-u, §. 99 f.): slyši-u, pali-u, slyši-eš, pali-eš, u. s. w. — slyšu, palu, slyšiš, pališ, u. s. w.; čini-u, čini-a, čini-eš — činju, činja, činiš.

2. Zur dritten Bildung gehören folgende Verba, die zum größten Theil onomatopoietica sind (Naturlaute bezeichnen): běžeć, bječeć, so bojeć, bučeć, bzdźeć, dyrbjeć, dźeržeć, klečeć, klinčeć, křičeć, kurčeć, ležeć, mjawčeć, mjelčeć, mórčeć, mučeć, perdźeć, ručeć, ryčeć, ržeć, slyšeć, smorčeć, stejeć (§. 102, 14), syčeć, ščeć, šučeć, tčeć, winčeć, zynčeć, so wie spać, měć, chcyć (s. Nr. 3); außerdem — obwohl der Budissiner Dialekt sie mit der Endung i-ć zur vierten Form hinübergezogen hat — noch bolcć, hidżeć, lećeć, sedźeć, slodźeć, smerdźeć, swjeŕbjeć, wědźeć (vgl. aber §. 102, 13), widźeć, wjerćeć.*

3. *a.* Spać [съпати] bildet seine Formen theils vom Stamme spa, theils von spi: Präs. spju, spiš [съпиши], 3. Pluralis spja; Imperat. spi, spitaj, ɔc.; Transgressiv spjo (ungebr.), spicy „im Schlafe", Partic. spjacy (ungebr.); Partic. Perf. spal, a, o, Transgressiv spawši; Imperf. spach, spaše; Aoristprät. po-spach, pospa.** — *b.* Ebenso basirt měć [имѣти] auf zwei Stämmen mě und ma, an welchen letzteren die Endung bindevocallos (§. 94) antritt: Präs. mam [имамь], maš, 3. Pl.

* Ueberdieß sind einige unwiderruflich der nahe stehenden 4. anheimgefallen: besonders so blyšćić, ćeŕpić, horić, kipić, powjedźić, swěćić, šumić; ein Participium auf al [und nicht auf il] würde unerhört sein. Wisać [висѣти] aber hat sich, als die Präjotirung von wisjać durch den Zischlaut absorbirt war (§. 9), in Folge des Gleichklanges der fünften Form (vgl. §. 110) zugesellt; doch gehört um Hoyerswerda der Präsensstamm noch der vierten an: wisyš, wisy (auch Klagl. Jer. 4, 8).

** Von diesem spać kommt das Mom. wusnyć (st. wu-sp-nyć).

(der erſten Bildung folgend) ma-ju, maja; Imperativ měj [нмѣй]; Imperf. mějach [нмѣахъ]; Aoriſtprät. změch [нмѣхъ], změ; Transgreſſiv und Partic. mějo, mějicy, mějacy (alles ſelten), měwši, Part. Perf. act. měl, a, o, paſſ. měty [wie pi-ty, gegen нмѣпъ].* — c. Chcyć, älter chceć, weiſt zurück auf ch[o]těć oder chćěć хътѣтн. Das Präſens wird dem Stamme хотн entlehnt und folgt, wie bereits im Altſlawiſchen, der erſten Conjugationsform: хоштѫ [d. i. хот-jѫ], chcu, хоштешн, chceš, chce, 3. Plur. chcedža (ſtatt chceja, von chce-ć); Imperf. chcych, chcyše, Aoriſtprät. za-chcych, zachcy [хотѣахъ, хотѣхъ], Partic. chcyl, a, o; Part. Perf. paſſ. chcyty (wie pity), Neubildung von chcy-ć: ebenſo Transgreſſiv Präſ. chcyjo [ſtatt хотѫ], und Imperat. chcyj [ſtatt хоштн, chc-i, das nach wendiſchen Lautgeſetzen unmöglich iſt].

4. Als einſilbige (aber trotzdem abgeleitete) gehören zur vierten Conjugationsform so ćmić und zaćmić (von ćma), dlić [дъл-н-тн], křćić [ſtatt křestić (wovon křestnička) oder krsćić, d. i. кръст-н-тн, кръштѫ — von Χριστ-ός, Christus], und zacpić: alſo Präſ. (Futur.) ćmju, dlu, křću (Matth. 3, 11; Mark. 1, 8), zacpju, zacpiš, zacpi (2. Theſſ. 4, 8); Imperat. ćmi, dli, křći (křćiće, Matth. 28, 19), zacpi oder zacṕ; Part. Perf. paſſ. zaćmjeny (Röm. 1, 21), křćeny (Subſtant. křćenje, křćenica), zacpjeny (Klagel. Jer. 1, 11, wo V. 2 auch die dritte Plur. zacpja ſteht). Doch werden dieſe Verba ausnahms= weiſe bisweilen in die erſte Bildung hinübergezogen: křćiju, Imperat. křćij (aber niemals křćity); so dlěji (Luk. 12, 45); zacpiće (zacpěće, Pſ. 123, 5), zaćmiće. Ebenſo ſagt man immer: Bože stpić (auch stpěć) oder k njebju stpić, die

* Das Verbum нмѣтн, měć, iſt eine Weiterbildung der uns bereits bekannten Wurzel нм — Inf. ѩ-тн [ſtatt jнм-тн], jeć (§. 102, 9 b.) —, „faſſen, ergreifen"; es bedeutet zunächſt „halten", wie ἔχω (daher der Aoriſt změch, ἔσχον, „ich erhielt's, ich hatt's"): woraus ſich der Begriff „haben" entwickelt. нмѣтн iſt hiernach auch verwandt mit dem нмати der fünften Form, jimać, ſo wie mit прн-нмати anfaſſen, angreifen, — primać, wovon die wen= diſche Sprache das Moment. přim-nyć (ſt. při-jeć: vgl. Matth. 14, 3; 18, 28) erzwungen hat.

Himmelfahrt Christi (von stpić oder eigentlich wstpić = въстѫпити wустѫpić,* ἀναβῆναι ascendere: z. B. horje stpił do njebjes, poln. na niebo wstąpił, böhm. na nebe wstoupil; vgl. Röm. 10, 6: horje stupić do njebjes).

5. Die Zischlaute z, s absorbiren (§. 9) auch in der vierten Conjugationsform die Präjotirung des i, so daß es also zu y wird: z. B. возити, носити — wozyć, nosyć. Wo auf das i ein Vocal folgt, verdünnt dasselbe sich zu j (vgl. činju, Nr. 1), und dieses verschmilzt dann mit dem Zischlaute zu den Spiranten ž, š: wozi-u, nosi-u — wožu, nošu.

6. Neben палнвъ (paliw-ši) giebt es auch die Form паль, Fem. пальши. Ebenso gebildet ist im Wendischen der Transgressiv wostajši (wostawši).

§. 109. Außer denjenigen Verbis der dritten, die im Präsens mit denen der vierten zusammenfallen, giebt es im Altslawischen und eben so noch im Hoyerswerdaer Dialekt eine Anzahl von Zeitwörtern auf ѣти, e-ć, welche das charakteristische ѣ, ć, nicht verlieren und somit recht eigentlich die dritte Conjugationsform bilden: z. B. чрънѣти čornjeć — Präs. чрънѣѭ čornje-ju, 2. Pers. -нѣѥши, -njeješ oder vielmehr, mit der in diesem Dialekt üblichen Vocalsteigerung (§. 3, 5. c.) čornjejoš, u. s. w. ganz nach pi-ju. Die Verba dieser Art sind incohativa oder solche die ein Anfangen, Werden oder Erscheinen bezeichnen, wogegen dieselben Stämme in der vierten Form (auf ić) die factitive Bedeutung haben, d. h. dem Begriffe des Bewirkens zum Ausdruck dienen: z. B. богатѣти bohaćeć, „(allmälig) reich werden" (vgl. §. 85, 3), und богатити bohaćić „(allmälig) reich machen"; чрънѣти čornjeć „schwarz werden, schwarz erscheinen", und чрънити čornić, „schwärzen"; ebenso: běleć, dźěrawjeć, horbaćeć, słabjeć, starjeć, šěrjeć, zelenjeć, zerzawjeć, žołćeć u. s. w. — bělić u. s. w., u. s. w. — Schriftgemäß würde diese im Ganzen veraltete Bildung nicht sein; es

---

* Diese Form hat im Wendischen, indem der Accent auf der ersten Silbe lag, zuerst das unklar werdende nasale ѫ ausgestoßen (wустpić) und sodann, wobei der Ton auf ultima übersprang, den flüchtigen Halbvocal ŭ ganz unterdrückt (wstpić).

macht sich statt deren überall die vierte Form (auf ić) geltend, indem das verbum transitivum ins medium (mit so) verwandelt oder auch geradezu als intransitivum gebraucht wird: z. B. so starić, so zestarić, alt werden, so čornić, schwarz erscheinen, wobohaćić, reich werden (so wobohaćić, sich bereichern, wotkhorić, wieder genesen).*

Fünfte Conjugationsform: Inf. a-ć (eventuell e-ć).
Der Verbalstamm ist durch a erweitert.

§. 110. Der Wortstamm geht hier auf a aus, an welches dann im Inf. das ти, ć angesetzt wird: z. B. дѣла-ти dźěla-ć; das Präsens läßt die vocalischen Endungen um, еѕ u. s. w. (§. 99 f.), die im Altslawischen und Russischen noch selbständig auftreten, im Westslawischen bis auf die letzte Pluralis mit dem vorhergehenden Vocale in einen Laut verschmelzen: z. B. дѣла-ѥмъ dźěla-um, дѣла-ѥши dźělaješ — wendisch dźělam, dźělaš (böhm. mit Dehnung des a: dělám, děláš). — Wird die Infinitivendung ać einem i-Stamme — z. B. wali-ć, měsy-ć [statt měsi-ć] — angefügt, so erhöht sich in i-a oder ja das a nach §. 22 zu e, und der etwaige Zischlaut verdichtet sich mit j zum Spiranten (§. 10): wali-a-ć, waljać — wendisch waleć; měsi-ać, měsjać, wendisch měšeć.

§. 111. Infinitiv dźěł-a-ć, arbeiten, wal-e-ć, wälzen.

	a.		*b.*	
Perf.	Präsens.	Imperativ.	Präsens.	Imperativ.
1.	dźěłam	—	walam	—
2.	dźěłaš	dźěłaj	waleš	walej
3.	dźěła	dźěłaj	wala	walej
1.	dźěłamój	dźěłajmój	walamój	walejmój
2.	dźěłataj, tej	dźěłajtaj, tej	walataj, tej	walejtaj, tej
3.	dźěłataj, tej	dźěłajtaj, tej	walataj, tej	walejtaj, tej
1.	dźěłamy	dźěłajmy	walamy	walejmy
2.	dźěłace	dźěłajće	waleće	walejće
3.	dźěłaju, ja njech dźěłaju		waleju, ja	njech waleju

* Wonjeć ist wie wisać (§. 108, 2*) in die fünfte Form übergetreten.

	a.		*b.*	
Perf.	Imperfectum.		Aoristpräteritum.	
1.	dźěłach	walach	z-dźěłach ꝛc.	z-walach ꝛc.
2.	dźěłaše	walešc	zdźěła	zwala
3.	dźěłaše	walešc	zdźěła	zwala
1.	dźěłachmój	walachmój	zdźěłachmój	zwalachmój
2.	dźěłaštaj, tej	waleštaj, tej	zdźěłaštaj, tej	zwaleštaj, tej
3.	dźěłaštaj, tej	waleštaj, tej	zdźěłaštaj, tej	zwaleštaj, tej
1.	dźěłachmy	walachmy	zdźěłachmy	zwalachmy
2.	dźěłašće	walešće	zdźěłašće	zwalešće
3.	dźěłachu	walachu	zdźěłachu	zwalachu

Altslawisches Aoristprät. дѣлахъ, валяхъ, Imperf. дѣлаахъ, валяахъ.

Futurum: z-dźěłam, z-walam, u. a.; Zukunft der Dauer: budu dźěłać, budu waleć.

Participialien: Transgressiv Präsentis dźěłajo, walejo, dźěłajicy, walejicy, Partic. Präsentis dźěłacy, dźěłaty, měsacy, měsaty, a, e (§. 101, Anm. 1); Transgr. Präteriti dźěławši, měsawši; Partic. Perf. act. dźěłał, měsał, a, o (Präsentis oder Futur. pass. dźěłajomy, měsejomy, miscendus), Perfecti pass. dźěłany, měsany, a, e. Infinitiv dźěłać, waleć, niederl. źěłaś, waljaś, měsaś (Supin. źěłat, waljat, měsat), Verbal=substantiv dźěłanje, walenje, měsenje. Inf. Aoristi zdźěłać, zwaleć, změseć u. a.

§. 112. Bemerkungen zur fünften Conjugationsform.

1. Einige Verba der fünften Klasse auf Zisch= und auf Kehllaute bilden ihr Präsens von einem i-Stamme aus: hryz-a-ć, kaz-a-ć, lizać, mazać, rězać, wjazać, kisać, kusać, pisać; płakać, skakać, so wie das im Wendischen in die erste Form übergetretene lhać — Pr. lha-ju — лъгати (von der Wurzel lüg „lügen"). Das i verwandelt sich beim Antritt eines Vocales in j, und letzteres verschmilzt dann mit dem Zisch= oder Kehllaute zu dem betreffenden Spiranten: z. B. kaz-i-u, wjaz-i-u, pis-i-u, płak-i-u, lh-i-u — kazju, wjazju, pisju, płakju, lhju — wendisch kažu, wježu (§. 22), pišu, płaču, łžu; Imperat. kaž (Matth. 14, 28), wjež (zwježće, 13, 30), piš,

płać, lži, njełž(i); Transgressiv Präs. kažo, wježo, pišo, płačo, płačicy, łžo. Im Budissiner Dialekt werden diese Wörter — außer łhać — mitunter auch in den Präsensformen als a- Stämme behandelt: z. B. pisam, pisajo; im Particip Präsentis geschieht dieß durchgängig: z. B. pisacy, skakacy. — Von so styskać bildet man so stysće (§. 14, 6; Ps. 119, 81).

2. Einige Verba auf t zeigen den i-Stamm nur im Präsens (nicht in den Ableitungen) und zwar nur vor dem angefügten ć, vor welchem das t in c übergeht (§. 8, 2. *b.*), wobei dann letzteres als Zischlaut die folgende Präjotirung absorbirt: mjetać, šeptać, šmatać, teptać, błyskotać, rjehotać, ropotać, sykotać, třepjetać, wrjeskotać — 2. Pers. Präs. mjeceš, 3. P. mjece, u. s. w.; 3. Plur. mjeceja (§. 5, 2. *b.*), seltener mjetaju, obwohl von den übrigen Verbis hier die a-Bildung fast ausschließlich gebraucht wird: šeptaju u. s. f.

3. Worać (Luk. 17, 7) und einige Verba auf Lippenlaute (b, p, w nebst m) lassen ihr Präsens, obwohl die edlere Sprache die a-Formen vorzieht, nicht selten zur ersten Conjugationsform zurückkehren, wobei jedoch die Endung u als veraltet erscheint: z. B. hrjeb-a-ć (eigentlich hrjeb-ć, §. 102, 15) — Präsens hrjeb-u (ungebr.) oder hrjebjem [besser hrjebam, 5.], 2. P. hrjebješ, 3. Plur. hrjebu (veraltet) oder hrjebjeja [besser hrjebaju]; ebenso: čumpać, drapać, drěmać, hibać, kapać, kopać, kolebać, kować, khować, spěwać. (Die letzte Pluralis erweitert die Endung éja in der Bulgärsprache bisweilen zu édža: z. B. spěwjedža: vgl. smědža, chcedža, §. 102, 10; §. 108, 3. *c.*)

4. Die Verba wisać und wonjeć sind aus der dritten in die fünfte Conjugationsform übergetreten (§. 108, 2* 3*): wisam, wonjam.

5. *a.* Wo bei der Ableitung die Endung ać mit einem Vocale zusammentrifft, wird zur Vermeidung des Hiatus ein w eingeschaltet: z. B. da-ć, při-pi-ć — Iterativum da-w-ać, připi-w-ać. (Dasselbe geschieht in der Weiterbildung nach der sechsten Form: přida-w-ować, připi-w-ować.) — *b.* Von der vierten herkommende Iterativa auf

iwać, wie zaslepić — zaslepiwać, sind im Wendischen selten. Für gewöhnlich läßt man hier das charakteristische a der fünften mit dem vorhergehenden i zu ja verschmelzen, welches sich dann von selbst zu je emporhebt (§. 22): zaslepi-a-ć — zaslepjać — wendisch zaslepjeć.

6. Der fünften Conjugationsform gehören auch die verba deminutiva an, die größtentheils nur im Scherz und in der Kindersprache vorkommen: z. B. so smjeć lachen — so smĕwkać lächeln; bĕžeć, boleć, stupać, spać — bĕžkać, bolkać, stupkać, spinkać.

Sechste Conjugationsform.

Das u des Verbalstammes ist durch a zu owa erweitert.

§. 113. 1. Der Wort= und Präsensstamm endigt hier auf оү, u (z. B. kupu in kupu-j-u). Der Infinitiv läßt das von der fünften her bekannte а antreten [а-ти а-ć], wobei sich das u zur Beseitigung des Hiatus in ов, ow, auflöst, so daß wir also als volle Infinitivendung die Silben овꙗ-ти, ować, erhalten: z. B. коүповати, kupować. Das Imperfectum hätte nun zunächst kupu-ach, pokazu-ach ꝛc. zu lauten: Formen, die sich aus dem Altslawischen factisch belegen lassen [z. B. показоү-ахъ]; allein dieses Tempus, das mit seinem Ausgange ахъ an das infinitivische ати erinnerte, hat — jedenfalls aus diesem Grunde — das ihm zukommende oү allmälig gleichfalls in ов, ow, zerlegt: kupu-ach — wendisch kupowach. (So fällt das Imperfectum zufällig mit dem vom Infinitiv abzuleitenden Aoristprät. zusammen.)

[2. Entsprechende Vorgänge sind folgende. Bei den û-Substantivis (§. 45, Anmerk. 3) zerrinnt ъі vor folgendem Vocale in ъв: z. B. црькъі — црькъве. Im Stamme der Verba плоү-ти — плов-ѫ, плюѭ — пльв-а-ти bemerken wir unter gleichen Umständen dieselbe Verflüchtigung des Vocales (§. 102, 7). Vgl. flu-o, pluo — fluvius, pluvia. — Den umgekehrten Fall, die Verschmelzung von ow zu u, sehen wir in dem Adjectiv runy, welches ursprünglich row-ny lautete.]

§. 114. Infinitiv kup-ow-a-ć, kaufen.

Perf.	Präsens.	Imperativ.	Imperfectum.	Aoristpräterit.
1.	kupuju	—	kupowach	na-kupowach 2c.
2.	kupuješ	kupuj	kupowaše	nakupowa
3.	kupuje	kupuj	kupowaše	nakupowa
1.	kupujemój	kupujmój	kupowachmój	nakupowachmój
2.	kupujetaj, tej	kupujtaj, tej	kupowaštaj, tej	nakupowaštaj, tej
3.	kupujetaj, tej	kupujtaj, tej	kupowaštaj, tej	nakupowaštaj, tej
1.	kupujemy	kupujmy	kupowachmy	nakupowachmy
2.	kupujeće	kupujeće	kupowašće	nakupowašće
3.	kupuja, jeja	njech kupuja	kupowachu	nakupowachu

Altslawisches Aoristprät. коупвахъ, Imperf. коуповА[а]хъ.

Futur.: na-kupuju; Zukunft der Dauer: budu kupować. Participialien: Transgr. Präsentis kupujo, kupujicy, Partic. Präf. kupowacy (ftatt kupu-acy), -aty (§. 101, A. 1); Transgr. Prät. kupowawši, Part. Perf. act. kupował, a, o (Präf. oder Futur. paff. kupujomy, emendus), Perf. paff. kupowany, a, e. Infinitiv kupować (Supin. niederl. kupowat), Verbalsubstantiv kupowanje. Inf. Aoristi nakupować u. a.

Uebersicht der Verbalableitungen.

§. 115. Primitiv oder wurzelhaft sind nur die Verba der erften Conjugationsform (§. 100). Die übrigen gehen, so weit sie Modificirungen des Begriffs enthalten, auf die eben genannte Klasse zurück; außerdem aber werden sie von Nominibus (Substant. und Adject.) abgeleitet.* In letzterer Hinsicht genügt es, hier kruwał — kruwarić, čěsla — čěslować, blědy — wo-blědnyć anzuführen; für ersteren Fall dagegen bedarf es mehrerer Beispiele. Wurzel br, bjer: 1. Form bjeru, brać; 5. wot-bjerać, při-bjerać, z-běrać; 6. wot-bjerować, wu-zběrować. Wurzel njes, wjez: 1. njeść, wjezć; 4. nosyć, wozyć (ftatt nosić, wozić §. 9 f.), 5. při-nošeć, přiwożeć, 6. -šować, -žować (d. i. nosi-ać, nosi-ować: §. 112, 5). Wurzel lah, leh: 1. lah-u (erhalten in wulahu, §. 102, 2),

* Manche nehmen an, in der vierten (und 6.) gebe es nur denominativa.

lehu (veraltet), Infinitiv lac, lec (veraltet), wie móc gebildet
(§. 102, 2); 2. lahnyć, lehnyć (von letzterem böhmisch po-lehl,
polnisch pod-legły „unterlegen", Particip nach Form 1); 3.
leżeć; 4. łożić „liegen machen", in Zusammensetzungen: położić hinlegen; 5. pře-łožcć; 6. přcłožować. Wurzel k'ak:
1. kłakła, Particip; 2. klaknyć; 3. klečeć; 4. —; 5. klakać;
6. poklakować (Matth. 27, 29). Wurzel wjert (lat. vert-o):
1. wjert-u, erhalten in wob-wjertł-a, wob-wjertl-iwy; 2.
wjertnyć; 3. wjerćeć; 4. —; 5. wjertać, erhalten in wjer-
taw-ka; 6. wobwjertować. Wurzel sta: 1. stać, jetzt ersetzt
durch 2. stanyć; 3. stejeć; 4. stawić ober, wie man gewöhn=
lich sagt, stajić; 5. (von stać) stawać, (von stajić) stajeć;
6. po-stawować, po-stajować. Wurzel sed (sed-co, ἔζομαι
statt σεδjομαι §. 8, 6. Anmerk.): 1. sed-u, erhalten in sed-ło;
2. so synyć (statt sednyć oder sydnyć: §. 105, 1); 3. sedžeć;
4. sadźić; 5. (v. sed-u) sydać (statt sedać), und (v. sadźić)
sadźeć; 6. so zasydować, nasadžować.

Berichtigungen.

S. 32 Z. 11 und S. 44 Z. 10 l. Sociativ st. Socativ. —
S. 38 Z. 13 l. Vocativ „Mensch!" — S. 46 Z. 23 l. altslawische
st. femininische. — S. 67 fehlt im Accusativ Dualis beim Femin.
und Neutrum neben mojej die Form moji. — S 111 Z. 6 l. welchem.